아이가
보내는
신호들

아이가 한 살이면 엄마도 한 살
아이가 보내는 신호들

부모되는 철학시리즈 1

초판 1쇄 발행 | 2015년 11월 20일
초판 6쇄 발행 | 2019년 10월 23일

지은이 | 최순자
일러스트레이터 | 안선화

발행인 | 김태영
발행처 | 도서출판 씽크스마트
주　소 | 서울특별시 마포구 토정로 222(신수동) 한국출판콘텐츠센터 401호
전　화 | 02-323-5609 · 070-8836-8837
팩　스 | 02-337-5608

ISBN 978-89-6529-050-6 13590

- 잘못된 책은 구입한 서점에서 바꿔 드립니다.
- 이 책의 내용, 디자인, 이미지, 사진, 편집구성 등을 전체 또는 일부분이라도 사용할 때에는
  저자와 발행처 양쪽의 서면으로 된 동의서가 필요합니다.
- 도서출판 〈사이다〉는 사람의 가치를 밝히며 서로가 서로의 삶을 세워주는 세상을 만드는 데 기여하고자 출범한,
  인문학 자기계발 브랜드 '사람과 사람을 이어주는 다리'의 줄임말이며, 도서출판 씽크스마트의 임프린트입니다.
- 원고 | kty0651@hanmail.net

이 도서의 국립중앙도서관 출판예정도서목록(CIP)은 서지정보유통지원시스템 홈페이지(http://seoji.nl.go.kr)와
국가자료공동목록시스템(http://www.nl.go.kr/kolisnet)에서 이용하실 수 있습니다.(CIP제어번호: CIP2015027513)

부모 되는
철학시리즈
01

아이가 한 살이면 엄마도 한 살

최순자 지음

추천의 글

아이 키우는 일이 점점 더 어려워지는 세상입니다. 우리 사회는 아이 낳기를 점점 꺼려하고, 결혼 적령기 청년들이 결혼마저 기피하는 추세입니다. 육아를 하늘이 준 선물 같은 시간으로 보기보다는 오히려 지옥 같은 고달픈 시간으로 여기는 분위기마저 있는 듯합니다.

이 책은 육아에 대한 그릇된 생각을 바로잡고 0~5세 사이의 영유아 부모에게 좋은 길잡이가 되어줄 것입니다.

사람의 가장 기본적인 바탕이 만들어지는 생후 3년을 어떻게 보내느냐에 따라, 아이의 평생이 좌우됩니다. 3~6세 사이가 아이 발달의 핵심인 자기조절력이 형성되는 가장 중요한 시기인데, 아이 발달에 대한 이해가 없이는 육아를 제대로 감당해내기 어렵습니다.

저자는 발달심리학과 뇌과학적 근거를 바탕으로 부모가 알아야 할 아이 발달의 여러 가지 이야기를 친절하고 쉽게 말해주고 있습니다. 비단 부모뿐만 아니라 우리 사회의 미래가 될 아이들을 만나는 영유아 교사나 관련 종사자, 또 일반 독자 모두 이 책에 관심을 가져주었으면 합니다.

— (사)세로토닌문화원장 정신의학과전문의, 이시형

부모는 아이에게는 '어떤 상황에서도 내 편이 되어 줄 수 있는 사람'이어야 합니다. 최순자 원장은 그런 부모가 되려면 아이를 가슴으로 존중하며 아이의 전인적 발달을 도와주고, 아이와 같이 놀아주며 추억을 만들어 주어야 한다고 이야기합니다.

아이를 진정으로 사랑하는 방법은 아이의 앞날을 걱정하면서 간섭하는 것이 아니라, 아이의 능력을 믿어주고 지켜보는 것이라고 말합니다. 그러나 우리나라 부모들은 같이 놀아주기보다는 관리자 역할만 하려고 듭니다. 부모의 간섭은 아이를 위축시키고, 아이 마음에 병이 들게 합니다.

이 책은 부모가 정서 발달 측면을 고려해 아이의 신호를 파악하고 아이에게 어떤 습관을 만들어주어야 하는지 구체적인 지침을 제공합니다.

– 가톨릭대학교 의정부성모병원 소아청소년과 교수, 김영훈

추운 겨울에도 맨발로 뛰어다니고, 흙과 모래와 물을 섞어 예쁘게 떡을 만들며, 매일 간식 시간에 제 나이와 같은 개수의 마른멸치를 꼭꼭 씹어 먹고, 글자를 배우는 게 아니라 자기 경험에 대해 '그리고', '그래서', '그러나'를 써서 문맥에 맞게 표현하는 연습을 했던 내 딸아이의 일본 보육원(어린이집) 생활이 생각납니다.

너무나 소중하고 당연하지만 바쁘다는 핑계로 쉽게 잊어버리는 것들, 알고는 있지만 괜찮겠지 하고 넘겨 실천하지 못하는 것들, 아

이를 위한다면서 아이를 다치게 해버리는 것들. 저자는 이러한 양육 현실에 위기감을 느끼며 우리의 소중한 아이들이 사랑 속에 커갈 수 있도록 부모와 교사, 아이들과 관계하는 모든 사람들에게 진솔한 메시지를 보냅니다.

― 일본 마애바시국제대학교 교수(아동심리 및 인간환경학 전공) 오선아

영유아교육을 전공하고 오랫동안 현장에서 아이들과 함께 했습니다. 더 깊이 있게 연구하고 싶어 대학원 문을 두드렸습니다. 그곳에서 만난 최순자 교수님의 강의는 영유아 교육에 대한 올바른 방향을 잡고, 철학과 신념을 갖게 해주었습니다. 최 교수님은 영유아의 행복과 건강한 사회를 위한 순수한 열정을 지닌 분입니다.

이 책은 영유아 발달의 핵심을 꿰뚫고, 우리나라 영유아교육의 문제점을 정확히 인식하며, 다른 나라와의 비교를 통해 본질을 놓치지 않는 교수님의 강의 내용을 일반 독자가 쉽게 이해할 수 있도록 풀어놓고 있습니다.

부디 영유아를 둔 부모뿐 아니라 유치원·어린이집 원장 및 교사·예비교사들이 읽고 영유아 발달의 핵심과 본질을 붙잡으시기를 바랍니다. 아이를 사랑하고 건강한 사회를 꿈꾸는 모두가 보아야 할 필독서입니다.

― 전 시흥시유치원연합회장, 리라유치원 원장, 임세연

우리는 시인의 섬세한 눈으로 아이를 바라보는 부모일까요? 《아이가 보내는 신호들》은 지하철에서 칭얼대는 아이의 손에 덥석 스마트폰을 쥐어주는 부모, 주말이 무섭다며 밥 한 끼 제대로 먹이지 못하는 부모와 함께 '양육'의 의미를 짚어보는 책입니다.

딱딱한 나무껍질을 뚫고 나온 새순이 없다면 겨울을 견뎌낸 의미가 없습니다. 추운 겨울 동안 몸속에 품었다가 새순을 내보내는 나무처럼 아이들을 품어주는 저자의 마음이 가득 담긴 이 책을, 아이를 너무나 사랑하지만 사랑하는 방법을 몰라 힘들어하는 부모, 아이를 제대로 키우고자 애쓰는 부모들에게 권합니다.

— 김포시어린이집연합회 민간분과위원장, 새한솔어린이집 원장, 김미옥

최순자 교수님의 강의를 들으면서 강렬한 불빛에 사로잡힌 불나방처럼 수업에 몰입하는 제 자신을 발견했습니다. 이 책에는 교수님의 가르침이 오롯이 담겨 있습니다.

최근에 아이가 너무 산만하거나 과격한 것은 아닌지, 어떻게 해야 친구들과 잘 놀 수 있을지 여러 가지 걱정으로 상담실을 찾는 사례가 급증했습니다. 양육에 관련된 자료는 수없이 쏟아져 나오지만, 정작 내게 필요한 정보를 찾기란 쉽지 않습니다.

아이와 어떻게 대화를 해야 할지, 아이에게 무엇을 어떻게 해주어야 할지 매일 고민하며 살아가는 지금의 엄마들에게 《아이가 보내는 신호들》은 값진 선물이 될 것입니다.

― (주)의학신문사 부설 아이맘인지발달연구소 부소장, 인지행동치료사, 제민희

오늘도 우리 반 장난꾸러기들은 텃밭에 빠알갛게 익은 토마토도 따 먹고, 땅 속 공벌레를 잡아다 공벌레 동물원을 꾸며주는 등 즐겁고 신나는 활동을 마치고 집으로 갑니다. 아이들이 '엄마' 하고 부르니, 엄마들이 손을 흔듭니다. 아이 손을 잡고 집으로 돌아간 엄마는 교사가 자리에 앉기도 전에 전화를 합니다.

"우리 아이는 왜 이렇게 친구들하고 말을 잘 하지 않을까요? 다른 친구들처럼 당당하게 자기 생각을 말했으면 좋겠어요."

"우리 애는 혼자서 유치원 현관부터 교실까지 들어가는 것도 너무 힘들어 해요. 앞으로 어떻게 키워야 하죠?"

교실 안에서 22명의 아이들을 보면 22가지의 무지갯빛이 납니다. 각양각색의 아이들 뒤로 아이가 더 어렸을 때 제대로 해주지 못해서 지금 저런 행동을 하는 것은 아닌지, 그때 아이의 특성을 제대로 알았다면 지금은 힘들지 않을 텐데 등 부모들의 고민 또한 다양합니다.

이 책은 아이가 부모에게 순간순간 보내는 신호에 당황하지 않고, 아이의 상태를 바로 볼 수 있도록 하며, 다음에 다가올 상황을

미리 알고 이끌어 나가는 데 도움을 줍니다. 또한 양육할 때 '옆집에서 그렇게 하던데.' 하며 무조건 따라하는 실수를 범하는데, 무엇을 가장 중요하게 생각해야 하는지 가치 기준을 제시해 주지요.

   필자가 말했듯이 매순간 부모로 산다는 것은 리허설이 없는 참으로 어렵고 힘든 일입니다. 누구도 내 아이에 대한 명쾌한 답을 줄 수는 없지만 아이를 키울 때 든든한 길잡이가 옆에 있다는 것은 고마운 일이지요. 많은 부모들이 이 책을 이정표로 삼았으면 합니다.

― **유치원 교사, 심현미**

'지금 알고 있는 걸 그때도 알았더라면'이라는 시가 있습니다. 이제 6살이 된 늦둥이와 중학생인 큰애를 볼 때 드는 마음이 꼭 이렇습니다. 《아이가 보내는 신호들》을 읽고 그토록 궁금했던 아이를 진짜 잘 키우는 육아의 비밀이 풀렸습니다.

   왜 제게는 이것을 알려주는 사람이 없었을까요? 아이는 그저 자연의 순리로 태어나고 자라므로 그때그때 알맞은 시선과 손길만이 필요했던 것을. 인생에서 가장 중요한 시기인 영유아기의 아이 발달에 대해 다룬 이 책을 통해 지금 알아야 할 것을 지금 알아 몸과 마음이 건강한 아이를 키우는 부모와 교사가 되길 바랍니다.

― **두 아이의 엄마, 보육교사, 이수형**

시작하는 글

아이 발달의 열쇠,
부모에게 달렸다

'어린이집에 다니는 아이들 절반 이상이 심리치료를 받고 있어요. 특히 남자아이가 더 많아요. 부모 대부분이 전문직인데 너무 바쁘니까, 아이들 등·하원을 비롯해 양육은 주로 할머니나 흔히 이모라 불리는 분들이 하게 되지요.'

내가 운영하는 연구원 공부모임 회원이며 서울 어느 지역에서 어린이집을 운영하는 원장의 말이다. 이 어린이집은 0세부터 만 36개월까지의 아이들이 다니는 곳인데, 이처럼 어린아이들이 심리치료를 받는 경우가 많다고 한다.
문제행동으로 심리치료를 받는 경우도 있지만, 발달상 우려가 되는 행동을 보여 치료받는 아이들도 많다.

여자아이보다 남자아이의 비율이 더 높은 것은, 남자아이들이 지닌 활발한 에너지를 충분히 발산할 수 있는 교육 환경, 예를 들어 밖에서 노는 활동이나 자연 속 활동이 부족함을 뜻한다. 심리치료 받는 아이들이 늘어나는 것은, 아이가 원하는 것을 할 수 있게 해주기보다 일방적으로 강요하는 어른들 때문에 스트레스를 많이 받고 있다는 증거이다.

아이는 기다려주지 않는다

오늘날 영유아 아이를 둔 부모들은 양육이라는 또 다른 정보의 홍수 속에서 살고 있다. 그러나 정말 중요한 아이 발달의 본질은 놓치고 있다. 유치원이나 어린이집에서 부모교육 강연 후 30여 분은 질의응답 시간을 가진다. 그때마다 안타깝게도, 부모들이 아이들을 잘 키우고 싶어 하면서도 아이 발달에서 기본적이고 중요한 내용은 잘 모른다는 사실을 실감하게 된다.

누구나 자신의 아이가 잘 자라기를 바란다. 그렇다면 먼저 우선순위를 정해야 한다. 매순간 자라나는 아이는 한시도 기다려주지 않는다. 아이 발달에서 가장 중요한 영유아 시기에 내 아이의 발달과 행동, 마음을 제대로 알고 정성을 기울여 양육해야 한다.

"저는 5세, 7세 아이를 키우고 있어요. 제 주변 엄마들을 보면, 돈과 조급증만으로 아이들을 키우는 것 같아요. 비싼 영어 유치원에 보내거나, 꼭 필요한 장난감이 아닌데도 다른 아이들에게 있으니까, 내 아이가 뒤처지는 건 아닌가 싶어서 사 주고 있어요."

최근에 만난 젊은 엄마의 목소리이다. 이 이야기를 듣고, 나는 하루라도 더 빨리 이 책을 세상에 내놓아야겠다고 생각했다. 젊은 엄마의 목소리에 공감하고 안타까운 마음이 들었기 때문이다.

아이를 잘 키우고 싶은 마음에, 부모 대부분이 무리를 하더라도 많은 비용을 지출한다. 그런데, 그 방향이 문제다. 아이가 스스로 하도록 기다려 주기보다는, 부모가 나서서 결과를 내줘버린다. 사랑받는다고 느끼는 편안한 마음상태가 가장 중요한 영유아 시기에, 뭔가를 학습시키려고 하다 보니 아이들에게 과중한 스트레스를 안겨준다.

**아이들이 보내는
신호의 의미**

아이들의 행동 하나하나에는 다 의미가 있다. 아이가 울거나 짜증을 내는 것, 손가락을 빠는 것, 인형을 안고 다니는 것, 누군가를 꼬집는 것, 음식을 거의 흘리면서도 혼자 밥을 먹겠다는 것, 이 모두가 아이의 마음을 나타내는 행동이다. 부모는 아이의 그런 행동이 문제라고 생각할지 모르지만, 아이는 '사랑받고 싶어요.', '기분이 안 좋아요.', '혼자 할 수 있어요.' 등 자신의 마음을 행동으로 표현한다. 오히려 어떤 형태로든 아이들이 자신을 표현하는 것은 다행스러운 일이다. 다만 아이가 보내는 신호를 부모가 제대로 알아차리지 못한다는 것이 문제다.

어느 보육교사가 하는 말이다. 금요일 오후에 아이를 데리러 온 부모에게 '주말 잘 보내세요.' 하고 인사를 건네면, 막상 돌아오는 대답은 '주말이 무서워요'란다. 또 어느 교사는 '주말에 밥 한 끼 집에서 제대로 먹이는 부모가 많지 않고, 밖에서 이벤트로 보내는 부모가 많아요'라고 전한다. 아이들과 함께 시간을 어떻게 보내야 할지 모르고, 집에서 정성껏 밥을 해먹일 자신도 없다는 얘기다.

어린이집 원장을 대상으로 한 강연에서 어느 원장은 이렇게 말했다.

"많은 부모들이 어린이집에 아이를 맡기면 자기 할 일을 다 했다고 생각하고, 마음대로 아이의 하원 시간을 바꿔달라고 해요. 또 집에 있으면서도 자기 할 일 다 하고 나서 뒤늦게 아이를 데리러 와요. 아이 발달을 생각할 때 무엇보다 부모교육이 가장 중요한 것 같아요."

임상적 경험을 토대로 제시한 아이 양육의 핵심
: 아이 발달을 얼마나 이해하는가?

나는 '어떻게 하면 건강한 사회를 만들 것인가?'를 화두로 삼고 있다. 대학에서 역사학을 전공하고 영유아기의 중요성을 인식해서 다시 영유아 교육을 공부한 뒤 강사로서 가르쳤다. 그 후 더 넓고 깊게 공부하고 싶다는 생각으로 현해탄을 건넜다.

'몬테소리교육법', '아동발달 임상학', '유아심리' 등을 공부하고, 재외연구원으로 체류하며 〈한국과 일본 부모의 양육태도와 유아의 사회도덕성 발달〉에 관한 박사 학위논문을 쓴 기간까지 7년 동안 일본에서 보냈다.

유학 생활을 하면서 70여 곳 이상의 유치원과 어린이집(일본은 보육원(保育園, 호이쿠엔))을 둘러보았다. 논문을 쓰기 위해 일본의 유아교육 현장을 둘러보거나 일본을 방문하는 사람들을 안내했다. 한국에서는 교사, 보육정책위원 활동, 보육실습 지도, 부모교육 등으로 700여 곳 이상의 유치원과 어린이집을 직접 둘러보았다. 또 대학에서 20여 년 동안 강의를 해왔고, 10여 년 동안 부모, 원장, 교사를 대상으로 한 세미나 및 연구회를 개최했고, 아이들 발달과 부모역할에 관해 칼럼을 쓰면서 아이 발달에 관한 상담을 해왔다.

이와 같은 임상적 경험을 토대로 한국과 일본, 두 나라의 유아교육과 보육 현장을 비교해보면 일본은 육아의 중요한 본질인 아이 발달을 놓치지 않는다. 아이 발달이 무엇보다 중요하므로 이 책에서는 우리와 다른 일본의 유아교육과 보육에 관한 이야기도 소개해 놓았다.

아이 양육의 핵심은 아이 발달에 관해 제대로 알고 적용하는 것이다. 발달심리학적 배경이 전혀 없는 부모에게는 책의 내용이 약간 어려울 수도 있겠으나 각 부분마다 내 아이의 발달을 위해 빠트려서는 안 되는, 중요한 내용을 실었다. 부록에서 제시한 아이 발달을 잘 이해할 수 있는 추천 영상과 추천도서 등을 통해서, 내 아이의 발달에 대한 이해를 넓히고 배움을 실천해 주었으면 좋겠다. 내 아이는 나만의 아이가 아닌, 우리 사회의 아이요, 인류의 아이이기도 하다.

**이 책의 구성 및
활용 방법**

이 책은 모두 4장으로 구성되어 있다. 그동안 대학에서 강의했던 내용과 영유아교육 전문지나 신문에 기고한 부모교육 칼럼 등을 모았다. 각 장별로 발달심리학적 이론과 사례를 제시해 독자들의 이해와 실천을 돕고자 한다.

제1장 '영유아 양육의 핵심, 아이 발달'에서는 영유아기가 중요한 이유, 뇌 발달, 관계 맺기, 성격 형성, 기질, 사회성 발달, 환경 흡수능력, 자아 발달, 감정 조절, 자아존중감, 습관 형성, 적기 교육에 대해 알아본다.

제2장 '아이 발달, 놓치지 말아야 할 9가지'에서는 아이의 발달과 관련해서 부모가 반드시 알아야 하고, 아이가 자기 것으로 만들도록 돕는 '아홉 가지 발달과업'에 대해 살펴본다. 영유아기 발달과업은 걷기, 딱딱한 음식 먹기, 언어 발달, 배변 습관, 성정체성 형성, 생리적 안정, 개념 형성, 애착 형성, 도덕성 발달이다.

제3장 '아이 양육의 핵심 가치'에서는 생명존중·배려·감사하기, 자유선택, 신체·운동 활동, 다중지능, 다문화 사회, 절약·환경보호,

풍요로운 자연에서의 활동, 그림책과 낙서 등 요즘 우리 부모들이 놓치고 있는, 아이 발달에 소중한 것을 함께 생각해 본다.

제4장 '리허설은 없다, 매순간 부모로 살아가는 법'에서는 아이 발달에서 가장 중요한 존재인 부모의 마음자세에 대해 다루고 있다. 아이가 선택한 부모의 의미, 부모교육이 먼저 이루어져야 하는 이유, 기다려주기, 관심에 반응하기, 진짜 칭찬 해 주기, 시인처럼 섬세한 눈으로 바라보기, 부드럽고 따뜻한 날씨 같은 부모 되기, 꿈과 개인차 존중하기, 초기경험의 중요성 알기, 건강한 자아 만들어 주기, 공감·수용·진정한 마음을 갖는 부모 되기, 아빠의 양육 참여, 홀로 서게 하기이다.

이 책은 부모뿐만 아니라 유치원과 어린이집 원장 및 교사, 예비 영유아 교사들도 함께 읽었으면 좋겠다. 이들은 인간 발달의 가장 중요한 영유아기 양육과 교육에 참여하는 사람들이다. 모든 아이들이 행복할 수 있는 성숙한 사회를 만들려면 당연히 아이들과 함께 하는 이들도 같이 노력해야 한다. 아무쪼록 이 책이 모든 아이의 행복과 건강한 사회를 만드는 데 조금이나마 도움이 되었으면 한다.

어려운 출판 상황에서도 영유아 교육에 관심을 갖고 흔쾌히 출판을 허락해 주신 '씽크스마트'의 김태영 대표님, 출판의 가교 역할과 교정을 해 주신 김무영 작가님, 일러스트를 그려준 안선화 선생님, 추천사를 써주신 정신의학전문의 이시형 박사님·소아청소년의학전문의 김영훈 박사님·아동심리와 환경심리전문가로 일본에 계신 오선아 교수님·유치원을 운영하시는 임세연 원장님·어린이집을 운영하시는 김미옥 원장님·인지행동치료전문가 제민희 치료사·유치원 교사이신 심현미 선생님·두 아이의 엄마이자 보육교사이신 이수형 선생님, 초고를 읽고 도움을 준 심숙희·이재숙 선생님, 상담을 요청해 온 부모들, 사례 제공과 피드백을 해 준 국제아동발달교육연구원 회원 및 유치원과 어린이집의 원장·교사·예비교사에게 감사드린다. 누구보다 이 책을 쓸 수 있도록 사랑을 주신 하늘의 별이 되신 아버지, 여든의 어머니 그리고 함께 사는 정찬용, 다른 가족, 지인 모두에게 감사의 마음을 전한다.

2015년 가을
심학산이 보이는 서재에서
최 순 자

차례

추천의 글		4
시작하는 글	아이 발달의 열쇠, 부모에게 달렸다	10

1장 영유아 양육의 핵심, 아이 발달

영유아기, 아이 발달의 황금기	25
두뇌 발달의 최적기는 영유아기	32
좋은 관계를 맺는 골든타임	38
기질, 성격 형성의 토대	42
행복한 인간관계의 길잡이, 사회성	47
흡수정신, 아이는 무조건 빨아들인다	52
자아형성과 자기조절, "내가 할 거야" "참을 수 있어요"	56
편안함이 밑바탕이 된 감정조절 교육	60
자아존중감, 나를 긍정하는 힘	64
습관, 아이를 만드는 기초공사	71
조기교육 No, 적기교육 Yes	75
아이가 보내는 11가지 신호	83

2장 아이 발달, 놓치지 말아야 할 9가지

걷기, 주변을 탐색한다	87
발달을 책임지는 딱딱한 음식 먹기!	90
생각의 문을 여는 언어발달	94
배변 습관, 자기조절의 밑거름	101

균형 잡힌 성정체성이 유능한 아이를 만든다	107
생리적 안정과 심리적 안정	110
개념 형성, 오감으로 세상을 알아간다	114
발달의 핵심, 애착 형성	120
도덕성 발달이 아이의 경쟁력이다	129

아이가 보내는 9가지 신호 — 133

3장 아이 양육의 핵심 가치

세 가지 마음, 생명존중·배려·감사	137
자율성, 무엇이든 아이 스스로 하기	143
바깥놀이의 중요성	148
다중지능, 아이의 강점과 장점 살리기	154
틀린 게 아니라 다를 뿐이다	159
작은 실천, 절약과 환경보호	163
가장 위대한 스승, 자연	167
그림책과 낙서, 아이들의 상상 놀이터	171

부모가 읽어야 할 8가지 신호 — 175

4장   리허설은 없다, 매순간 부모로 살아가는 법

아이가 부모를 선택했다	179
부모가 받아야 할 조기교육	184
기다려주는 것이 중요하다	190
느낄 수 있어야 사랑이다	194
선물보다 더 좋은 말, 진짜 칭찬	199
시인의 시선으로 바라보기	203
온화한 날씨 같은 부모	207
아이의 꿈과 개인차 존중하기	211
씨앗이 되는 초기경험	216
건강한 자아 만들어 주기	221
공감·수용·진정성을 가진 상담자 부모	225
아이 발달의 잊힌 공헌자, 아빠	231
캥거루족 부모입니까?	237
부모가 읽어야 할 13가지 신호	243

부록 아이 발달, 더 재미있고 더 깊이 이해하기

Tip 1 아이를 위해 부모가 감상하면 좋은 영상	247
Tip 2 아이를 위해 부모가 읽어야 할 도서 추천	253
Tip 3 아이의 심리성적 발달 단계는?	261
Tip 4 아이와 나의 심리사회적 발달 단계는?	263
Tip 5 아이의 인지발달 단계는?	265
Tip 6 아이와 나의 도덕성 발달 단계는?	266

마치는 글 아이도, 부모도 놓칠 수 없는 행복한 삶을 위하여 268
참고자료 272

영유아 양육의 핵심, 아이 발달

* 본문에서 제시하는 연령은 만 나이임을 밝혀둔다.
영유아기가 중요한 이유, 두뇌 발달, 관계 맺기, 성격 형성, 기질, 사회성 발달, 환경 흡수능력, 자아 발달, 감정 조절, 자아존중감, 습관 형성, 적기교육에 대해 알아보자.

영유아기,
아이 발달의
황금기

"어린 시절의 경험은 평생을 살아가면서 두고두고 사용하게 되는 운명의 자산이 된다."

유학이 쉽지 않았던 1960년대 초에 미국으로 건너간 故 임종렬 박사는, 정신분석학과 자아심리학을 공부한 다음에 임상상담가로 활동했다. 그는 수많은 상담 사례를 통해 '엄마가 편해야 세상이 편하다'는 '대상중심이론'을 만들었고, 특히 출생 후 초기 경험의 중요성을 강조했다.

초등학교에 입학하기 전, 아이들은 한 차례의 황금기를 보낸다. 신체, 인지, 언어, 정서, 사회성, 도덕성 등 영유아기야말로 인간발달에서 가장 중요한 시기이다.

발달의 결정적 시기

 취학 전 시기가 이토록 중요한 것은 발달을 좌우하는 결정적 시기이기 때문이다. 언어발달을 예로 들어보자. 1970년, 미국 캘리포니아에서 열 세 살 된 '지니'라는 아이가 발견되었다. 안타깝게도 지니의 아버지는 정신질환을 앓고 있었고 엄마는 앞을 보지 못하는 시각장애인이었다. 발견되기 전까지 지니는 주로 침대에 묶인 채 혼자서 지내야 했다. 생존에 필요한 먹을거리만 겨우 제공되었고, 언어적 자극은 거의 받지 못한 상태였다.

 전 세계 과학자들이 지니에게 관심을 보였다. 이들은 지니에게 4년 동안 언어를 가르치려고 노력했다. 그러나 지니는 몇 단어만 조합할 수 있었을 뿐이다. 학자들은 지니가 언어를 제대로 배울 수 있는 시기를 놓쳤기 때문이라고 결론 내렸다.

 열 세 살이면 우리나라에서는 초등학교 6학년이나 중학교 1학년이다. 초등학교 6학년이나 중학교 1학년이면 기본적인 능력이 있기 때문에 가르쳐주면 바로 배울 수 있다고 생각하기 쉽다. 그러나 세계적으로 권위 있는 학자들이 지니에게 말을 가르치기 위해 과학적이고 체계적인 온갖 방법을 동원했어도, 결국 지니는 몇 단어밖에 배우지 못했다.

 언어 발달의 결정적 시기는 6, 7세 이전으로 본다. 이 시기에 제대로 언어적 자극을 받지 않으면 안 되는 것이다. 언어뿐만이 아니다.

영유아기는 신체, 인지, 정서, 사회성, 도덕성 등이 발달하는 결정적 시기이다.

민감기

민감기란 어떤 특성의 발달이 특히 잘 일어나는 집중적인 시기를 뜻한다. 이 시기가 지나면 특정한 발달이 일어나기 어렵다. 민감기는 원래 생물학에서 사용하던 용어인데 이탈리아 교육학자 마리아 몬테소리 선생이 교육학에 도입했다.

몬테소리 선생은 원래 의사였다. 1907년부터 로마시(市)에서 '산 로렌조 어린이집'을 위탁받아 운영하면서 아이들을 관찰했다. 그녀는 예리한 과학자의 눈으로 아이들에게서 민감기를 발견했다. 아이들에게는 언어, 사회성, 근육발달, 질서, 감각, 쓰기, 읽기, 냄새, 맛, 작은 사물 등에 대한 민감기가 있다는 것이다.

각각의 민감기는 대체로 출생 후부터 5세 전후인 경우가 많다. 이를테면, 어른들은 별로 관심 없는 개미를 아이들은 한참 동안 살펴본다. 이것은 작은 사물에 관심을 갖는 민감기의 특성 덕분이다.

몬테소리는 각 발달이 가장 잘 이루어지는 민감기에, 발달에 적절한 환경을 갖춰주고 적당한 자극을 해 주어야 한다고 강조한다. 예를 들어 사회성에 대한 민감기는 출생에서 6세까지이다. 그러므로 이 시기 아이에게는 '감사합니다', '고맙습니다', '미안합니다' 등 기본적인 인사와 다른 사람을 배려하는 사회적 행동을 할 수 있도록 부모가 모델이 되고 교육해주어야 한다.

최적의
시기

　　　　　　　　　로렌츠는 오스트리아 출신의 심리학자이자 비교행동학자로 1973년에 노벨 생리의학상을 수상했다. 비교행동학에서는 동물들이 본능적으로 타고난 행동을 연구한다. 그는 연구를 위해 회색 기러기(오리)를 길렀다. 3년 째 되던 해, 새끼 기러기를 어미에게 보내려고 했으나 꽥꽥 소리를 지르면서 로렌츠 곁을 떠나지 않았다. 그를 자신을 보호해 주는 어미로 알고 있었던 것이다. 이를 '각인'이라 한다. 즉, 바위에 글씨를 새기고, 종이 위에 인감 도장을 찍듯 새끼 기러기는 로렌츠를 자신의 어미로 머리에 새긴 것이다. 그는 새끼 기러기 연구를 통해 한 번 각인이 되면 대상이 바뀔 수 없다는 사실을 발견했다.

　여기서 중요한 것은 바로 '각인의 시기'다. 각인 현상은 아무 때나 일어나지 않는다. 새끼 기러기가 어미를 각인하는 시간은 부화한지 불과 몇 시간 이내라고 한다. 바로 이 시기가 어미를 각인하는 새끼 기러기의 최적기인 셈이다.

　취학 전 영유아기가 중요한 이유도 마찬가지다. 각인이 가장 잘 이루어지기 때문이다. 신체·운동, 사회, 인지, 언어, 정서, 도덕 모든 측면에서 이 시기에 발달이 가장 잘 이루어진다.

　아이가 잘 자라기를 바란다면 각인 효과가 가장 잘 이루어지는 취학 전 시기에, 아이에게 호기심을 가질 수 있는 적절한 환경을 마련해 주고, 자극을 주어야 한다.

민감기 부모라면 반드시 알아야 한다

영유아기는 결정적 시기이고 민감기 즉, 최적기이므로 부모의 각별한 양육이 필요하다. 그런데 요즘 아이를 키우는 부모들은 양육에 대해 잘 아는 듯하면서도, 실제로 만나서 상담해 보면 모르는 부분이 많이 보인다.

어느 엄마는 대소변을 가리던 아이가 동생이 태어난 후부터 이불에 오줌을 싸고 괜히 짜증부리며 칭얼댄다고 걱정한다. 또 다른 엄마는 아이가 동생이 태어나자 친구들을 물고 보행기만 타려고 한다며 어떻게 해야 할지 잘 모르겠단다.

이는 심리학적 용어로 '퇴행'이라는 방어기제이다. 물러날 퇴(退), 갈 행(行). 퇴행은 뒤로 물러난다는 뜻으로 다시 더 어린 아기가 되어버린다는 말이다.

방어기제란, 원래 불안한 존재인 인간이 그 불안을 해소하여 자신을 보호하기 위해 사용하는 방법이다. 퇴행의 사례를 몇 가지 더 살펴보자.

"아들이 두 살 때 둘째가 태어나 병원에서 아기를 데리고 퇴원하던 날, 아들이 마당을 뒹굴면서 한나절을 울더라구요."

"42개월 남아인데 떠먹여주기 전까진 절대로 혼자 밥을 먹질 않아요. 달래면 한 두 숟가락 먹고는 도망가 버리고, 혼내면 뒹굴면서 울어요.

동생이 이유식을 시작하면서부터 그러네요."

"23개월 남아입니다. 저는 직장맘이고 둘째를 임신한 상태입니다. 원래 징징거리던 아이가 아니었는데 얼마 전부터 자기 마음에 안 들면 무조건 울어버리고 그러네요. 단호하게 말을 해도 달라지지 않고 있어요. 원래 이런 건지 점점 걱정이 됩니다."

"둘째 낳고는 큰 아이가 두어 달 전부터 자꾸 손으로 입술을 만지작거리고, 제가 회사 나가는 날이 아니면 무조건 유치원에 안 간다고 합니다. 어떻게 해야 할까요?"

이 아이들은 지금까지 자기 혼자서 받았던 부모의 사랑을 동생에게 빼앗겼다고 생각해서 자신도 부모의 관심과 사랑을 받고 싶다는 신호를 보내고 있다.

이러한 발달 특성을 모르면 부모는 마냥 아이를 야단치기 십상이다. 부모들은 이구동성으로 그때는 아이가 왜 그런지 몰랐다고 말했다. 하지만 때는 이미 놓쳐버린 다음이다. 부모에게 꾸중을 들은 아이는, 자아가 손상되어 자존감이 낮아지는 등 발달에 부정적인 영향을 받게 된다.

아이 발달의 황금기인 영유아기에 부모가 발달 특성을 이해하고, 긍정적 상호작용을 해주어야 한다. 아이가 퇴행의 사례와 같은 행동을 보이는 경우에는 야단치지 말고 아이의 마음을 충분히 받아주며 '엄마(아빠)는 너를 사랑하고 있단다. 그런데 동생은 아직 어리기 때문에 더 많이 돌봐줘야 한단다.' 하고 얘기해주어야 한다. 그러면서 아이에게 부모의 사랑을 확신하게 해주고 부모가 동생을 돌보는 것을 이해시켜야 한다.

두뇌 발달의 최적기는
영유아기

"나이에 따라 뇌의 부위별 발달 속도가 다름을 알고 차근차근 교육해야 한다."
― 서유헌 교수

우리가 생각하거나 손가락 하나 움직이는 것 모두 뇌의 명령에 의해 이루어진다. 어느 학회에서 우리나라 뇌 연구의 권위자인 서유헌 교수를 만났다. 그는 우리나라 부모들이 뇌 발달에 대한 이해 없이 아이들에게 스트레스를 주고, 그것이 문제가 되고 있음을 안타깝게 여겨서 아동학자들과 함께 '아동발달과 뇌'에 관련된 학회를 창립했다.

뇌 과학자들의 연구에 따르면 성인의 뇌 크기에 비교할 때 아이의 뇌는 출생 시 성인의 약 25%, 1세에 약 65%, 3세가 되면 약 80%, 5세가 되면 약 90%에 도달한다. 약 2000억 개의 뇌신경세포가 주로 초기 3년까지 가장 활발하게 발달한다고 볼 수 있다.

원초의 뇌인 뇌간은 호흡, 심장박동, 혈압, 수면주기, 식욕 등을 담당한다. 태어날 때부터 작동하는 생명유지 장치인 셈이다. 감성 기억의 뇌인 소뇌는 임신 기간과 생후 초기 몇 달 간 발달하는데 이를 토대로 사고(思考)능력이 발달한다. 기억하고 판단하는 인지 실행기능과 관련 있는 대뇌는 출생 초기 3년 간 가장 잘 발달한다.

신경세포는 계속 사용할 경우 초등학교 시기를 거쳐 청소년기까지 가지치기를 하면서 증가한다. 그러나 사용하지 않는 신경세포는 막히거나 쇠퇴한다. 1주일 이상 빛을 보지 못한 새끼 고양이의 경우 뇌의 시각 영역이 퇴화된다고 한다. 이처럼 두뇌 발달도 가장 잘 발달되는 시기가 있음을 알 수 있다.

두뇌는 흥미 있는 것을 받아들인다

적절한 양육과 자극이 두뇌 발달을 증대시킨다. 이와 반대로 방임, 학대, 외상 등으로 스트레스를 받는 양육 환경과 영양실조는 뇌 발달을 저해한다.

아이의 뇌는 관심과 흥미가 생기는 것을 자기 것으로 받아들인다. 그러므로 부모나 교사가 주도하는 교육보다, 아이의 관심과 흥미를 파악하고 그에 따른 교육을 해야 한다. 또 뇌는 나이에 따라 부위별 발달 속도가 다르므로, 이에 대한 이해를 바탕으로 다양한 경험을 하게 해주는 것이 중요하다. 경험은 신경회로를 강화시키기 때문이다.

신경세포가 치밀하고 회로망이 가장 왕성한 3세까지의 아이에게는, 눈으로 보여주고, 귀로 듣게 하고, 코로 냄새 맡게 하고, 입으로 맛을 느끼게 하고, 손으로 만지게 하는 오감을 통해 통합적으로 정보를 전해주는 것이 좋다. 이는 의식을 명료하게 유지할 수 있게 할 뿐만 아니라, 세상에 대한 개념 형성에도 효과적이다.

카이스트에서 뇌파를 연구하는 정재승 교수의 강연을 일부러 두 번이나 찾아가서 들었다. 정 교수는 초등학교 저학년까지는 스스로 호기심을 가지고 탐색하며 '이게 뭐지?' 하고 부딪히는 경험을 하는 것이 뇌 발달에 가장 좋다고 말한다. 맞다. 부모가 답을 주는 것보다 아이 스스로 주변을 탐색하면서 답을 찾아가게 해주어야 한다.

제2의 뇌, 손을 사용하게 해주자

제2의 뇌라 불리는 피부 접촉을 통해 두뇌를 자극하는 것도 좋다. 손, 혀, 입을 통한 자극이 여기에 해당한다. 촉각은 감각 중에서도 가장 민감하며 신경회로를 통해 바로 뇌에 전달된다.

특히 손에는 뇌를 자극하는 부위가 3분의 1 정도 분포되어 있다. 그러므로 손으로 조작활동을 하고, 그림을 그리고, 단추를 채우는 등의 소근육 활동은 매우 유익하다. 아이를 도와준답시고 엄마가 단추를 채워주거나 신발을 신겨주는 것은 두뇌 발달 기회를 빼앗는 것이나 마찬가지다.

서울시 어느 구에서 보육정책위원으로 활동할 때의 일이다. 매년 교재교구 심사를 했는데, 어느 해에는 일본에서 온 공동 연구팀 일정과 겹쳤다. 아동교육학과 학생들을 인솔해서 온 연구팀 교수에게 우리나라 교재교구 전시회에 참석해보겠느냐고 물었더니 흔쾌히 그러겠다고 했다.

전시회장에 도착해 보육행정 담당자, 어린이집연합회 임원과 함께 셋이서 심사를 봤다. 일본 방문객에게는 우리와 반대 방향부터 심사를 해보라고 권했다. 그런데 심사 후 일본 교수가 '이렇게 선생님들이 다 만들어 제공하는 교재교구가 아이들에게 무슨 의미가 있을지 잘 모르겠다'라고 하는 게 아닌가. 그리고 한 작품을 가리키면서 '저 정도라면 점수를 조금 줄 수 있을 것 같다'라고 했다. 그 교수가 가리킨 것은 다름 아닌, 아이들 스스로 조립할 수 있는 교구였다. 교사들에 의해 다 만들어진 교구는 아이들 발달에 의미가 없다는 것이다. 아이들 스스로 만들어야 창의성도 키우고 개념과 원리를 익힐 뿐만 아니라, 직접 손을 사용하므로 뇌를 자극할 수도 있다.

실제로 일본 유치원이나 어린이집에는 우리나라처럼 교재교구가 그렇게 많지 않다. 박스나 비닐 끈, 신문지 등으로 아이들이 무언가를 만든다. 일본의 가정에서도 마찬가지다. 그들은 아이가 완제품인 비싼 장난감보다, 일상적인 소품을 가지고 놀면서 창의적으로 스스로 무언가를 만들고 생각을 키울 수 있는 기회를 주고 있다.

일본 뇌 과학자들이 인지저하증(치매) 예방에 효과적인 활동이 무엇인지 연구했다. 그 결과 색칠하는 것이 가장 좋다는 사실을 밝혀냈다. 색칠을 하려면 손으로 색연필을 꽉 잡고 힘을 주어 칠해야 한다. 손을 사용하는 만큼 뇌를 자극하는 것이다.

최근 부모들이 스마트폰을 사용하면서 아이들도 스마트폰을 가지고 노는 경우가 많아졌다. 일본 소아과의사회에서는, 아이들 앞에서 스마트폰 사용을 자제하자는 캠페인을 벌이고 있다.

스마트폰 사용은 직접적으로 움직이는 신체 활동과는 뇌의 움직임이 다르다. 즉, 스마트폰 사용은 움직이는 직접 활동에 비해 뇌를 덜 자극한다고 한다. 스마트폰보다는 딸랑이를 쥐고 흔들게 하거나, 손을 뻗게 하거나 종이접기, 공기놀이, 실뜨기 등의 활동을 하게 만드는 것이 좋겠다.

최고의 자극은 사랑

아이의 두뇌 발달을 위한 활동도 중요하지만, 더 바람직한 것은 부모와의 안정된 애착 관계다. 진심으로 사랑하는 마음을 가지고 아이의 눈을 마주치고, 말을 건네주어야 한다. 아이가 부모에게 편안함을 느끼는 것이 가장 중요하다.

따뜻한 정서적 관계가 얼마나 중요한지를 보여주는 사례가 있다. 루마니아에서 있었던 일이다. 한 보호시설에서 먹고 자는 물리적 환경은 제공되었지만, 아이들을 일대일로 정성껏 돌봐줄 사람이 없었다. 그렇게 몇 개월이나 지나서 아이들의 뇌를 촬영했는데, 언어를 담당하는 영역이나 기억을 담당하는 영역 등이 활성화되지 않았다고 한다. 이와 같이 애정 결핍은 뇌 발달에는 아주 치명적이다.

아이를 자주 안아주고 스킨십을 하면 긍정적 호르몬이 나오고, 뇌 발달에 도움이 된다. 영유아기에 사랑받고 자라면, 나중에 스트레스를 받더라도 부정적인 호르몬이 적게 나온다는 연구 결과도 있다. 아이를 진심으로 사랑하는 것이야말로 뇌 발달에 가장 좋다는 사실을 알 수 있다.

좋은 관계를 맺는 골든타임

"아이가 5개월 때 제가 아파서 한 달 간 병원에 입원하게 되었어요. 그 이후 아이는 혼자 잠을 못 자요. 지금은 일곱 살인데 엄마 아빠가 옆에 있어야만 잠을 자요."

생후 3개월에서 18개월까지의 아이는, 엄마를 마치 온전한 절대 자처럼 느낀다. 이때 아이가 엄마의 사랑을 받지 못한다는 느낌을 받으면, 이처럼 유기 불안이 생길 수 있다.

양육자와의 관계와 성격 형성

어떤 중년 여인이 세 번에 걸쳐 결혼과 이혼을 반복했다. 그녀는 아주 어린 시기에 친엄마가 가정을 떠나버려서, 새엄마의 양육을 받았다. 새엄마의 충분한 사랑을 받지 못한 그녀는 지속적으로 사랑을 갈구하며 누군가를 만났지만 매번 상대가 자신을 떠날까 봐 안절부절 못하며 불안하게 살아야 했다.

대학에서 인간발달과 교육 관련 강의를 할 때면 강의 주제 중 가장 관심이 가는 내용이 무엇인지 학생들에게 물어본다. 그때마다 대답은 '성격'이다. 사람들은 인생을 살아가면서 대체로 성격을 가장 중요시한다. 부모도 마찬가지다. 결국은 내 아이가 훌륭한 인성과 성격을 갖춘 사람이 되어서 다른 사람과 원만한 관계를 유지하며 행복한 인생을 살아가기를 바라는 마음이 크다.

많은 시간을 함께 보내는 부모로부터 따뜻한 양육을 받는다면 아이도 자연스럽게 따뜻한 마음의 소유자가 된다. 출생 후 초기 경험을 중요시하는 정신분석학에서는, 생후 4~18개월까지 따뜻한 양육을 받지 못하고 외롭게 보내면 이후 정신적으로 심각한 문제인 우울증이나 정신분열증이 나타날 수 있다고 한다. 초기 양육 환경이 성격 형성과 이후 정신병리적인 문제에도 관여하는 것이다.

관계가 성격과
자아를 만든다

　　　　　　　　　　마가렛 말러는 아이가 출생 후에 처음 만난 양육자가 발달에 중요한 영향을 끼친다고 주장하는 대상관계 이론가이다. 말러에 의하면, 아이는 출생 후 3개월까지는 외부에 관심을 보이지 않지만, 양육자가 어떻게 해 주는가에 따라 신뢰 또는 불신감을 느낀다. 그리고 이후 정신분열증, 자폐증 등 정신이상을 나타낼 수 있다.

　아동발달 분야에서 불후의 명저로 꼽히는 《딥스》라는 책이 있다. 딥스는 원치 않는 임신으로 태어났다. 그러므로 출생 후에도 부모가 그리 살갑게 대하지 않았을 것이다. 결국 딥스는 자폐증 증세를 나타내고 만다.

　대상중심이론을 창시한 임종렬 교수에 의하면, 18개월에서 36개월까지 엄마의 사랑을 충분히 받으면 아이는 엄마가 눈에 보이지 않더라도 어딘가에 분명히 존재한다는 믿음과 확신을 갖고 탐색활동을 한다. 그런데 이 시기에 엄마와 떨어져 지냈거나, 충격적인 일이 있었거나, 매를 맞았거나, 과잉보호나 무관심 등으로 좋은 관계가 형성되지 못하면 경계선성격장애를 갖게 된다고 한다. 경계선성격장애란 평상시에는 큰 문제가 없어 보이나 극한 감정적 갈등 상황에 놓이면 분노하거나 만성적 공허감에 빠지거나, 반사회적 행동 혹은 거짓말을 하는 등의 증상을 보이는 것이다. 또한 그는 36개월에서 초등학교 입학 전까지 엄마의 잘못된 양육으로 이후 우울증, 히스테리 등 신경증을 갖게 된다고 본다.

유명한 정신분석학자인 프로이트도 이 시기 성적 에너지인 리비도(Libido)를 적절하게 만족시켜 줘야 하는데 그렇지 못할 경우 성격적인 문제가 발생한다고 보았다. 예를 들면 태어나서 한 살 반 정도까지는 입을 통해 만족하려고 한다.(구강기) 이때 적절하게 먹을 것을 주는 것이 중요한데 결핍되거나 과잉되면 문제가 된다. 이후에 손 빨기, 지나친 음주, 흡연, 과식, 험담 등을 하는 성격의 소유자가 될 수 있다.

처음 만난 양육자의 양육 방식은 아이의 성격 형성 및 자아 발달에 절대적인 영향을 미친다. 경우에 따라 병리적 문제까지 초래할 수 있다. 아이가 처음 만나는 양육자는 부모, 특히 엄마다. 힘들더라도 영유아기에는 첫 양육자의 역할에 최선을 다해야 한다.

기질, 성격 형성의 토대

"생후 3년도 되지 않은 유아들이 독특한 행동을 보이는 것은 저마다 가지고 있는 기질의 차이 때문이다. 이러한 기질을 어떻게 받아들이고 키워주느냐에 따라 장차 아이의 성격에 영향을 줄 수 있다."

- EBS, 아기성장보고서 〈육아의 키워드, 기질〉

나는 기질이 순하고 느린 편이다. 어느 해 가을, 갈대를 구경하러 포천 명성산에 올랐다. 산에 오를 무렵이 이미 오후였기에 내려올 때는 컴컴해져 버렸다. 다행히 산악구조원의 도움을 받으며 내려왔는데, 계속해서 내 뒤쪽에서 조명을 비춰주었다. 나를 도와주는 것인데도 나는 꼭 빨리 가라고 재촉하는 것만 같아 오히려 불안했다. 하는 수 없이 바로 뒤쫓아 갈 테니 나보다 조금 앞서 가달라고 부탁했다. 그래야 마음이 놓이는 기질인 것이다.

이처럼 느린 기질의 사람들은 누군가 '재촉하면' 곧장 불안해하고 위축되기 쉽다. 나는 이미 성격이 형성된 뒤라서 불안감을 느끼는 데서 끝나지만, 지금 성격이 형성되고 있는 아이라면 부정적인 성격으로 발달될 수도 있다. 아이의 기질을 이해하지 못한 부작용 탓이다.

아이의 성격 발달을 돕기 위해서는 먼저 기질에 대한 이해가 필요하다. 기질은 성격 형성의 기초다. 기질을 연구하는 학자들은 유전적인 면을 중시한다. 아이의 타고난 기질을 부모가 어떻게 받아주고 상호작용하는지가 성격 형성의 관건이다.

기질을 활용하는 현명한 육아

EBS에서 방영한 〈육아의 키워드, 기질〉은 제목 그대로 기질이 육아의 중요한 키워드라는 사실을 잘 포착한 프로그램이다. 미국의 아동학자 알렉산더 토마스와 의학박사 스텔라 체스는 아이들의 기질을 순한 아이, 느린 아이, 급하고 까다로운 아이, 이 세 가지로 나눈다. 순한 아이는 약 40% 정도이며, 느린 아이와 급하고 까다로운 아이가 각각 약 10% 전후, 어느 유형에도 들어가지 않은 아이가 약

35%이다.

기질별 맞춤식 양육

순한 아이의 행동 특성은 조용하고 수줍어하기도 하지만 다정다감하다. 누군가에게 장난감을 빼앗겨도 도로 뺏으려 하지 않는다. 순한 아이는 다른 아이들과 싸우는 일이 거의 없다. 혼자서도 잘 놀고 새로운 환경에도 잘 적응한다. 부모가 어떤 지시를 하면 잘 듣는 편이지만, 실은 부모의 말에 따르기만 할 경우 아이의 자율성이 훼손될 수 있다. 순한 아이일수록 아이 스스로 할 수 있게 해주는 것이 좋다.

느린 아이는 별다른 말썽을 부리지는 않지만 때때로 선생님 말을 듣지 않고 늦장을 부리기도 한다. 다른 아이들보다 조금 느린 반응을 보인다. 예를 들어 장난감 박물관에 가서 자신이 관심 있는 장난감을 발견해도, 쉽게 다가서지 못하고 오래 망설인다. 낯선 곳에서는 평소보다 위축되어 금방 적응하지 못한다. 느린 기질의 아이는 재촉하면 위축된다. 신발을 신는 데 한참 걸리더라도 시간을 충분히 주고 기다려주어야 한다.

급하고 까다로운 아이는 엄마와 쉽게 떨어지지 않으려 하고, 엄마를 따라가겠다고 고집을 부린다. 원하는 것에 집착이 강하다. 행동이 빠르고, 새로운 환경에 쉽게 접근하기도 하지만 싫증도 금방 낸다. 활동적인 대신에 변덕이 심한 편이다. 자신이 좋아하는 것과 싫어하는 것에 대한 의사표현이 확실하다. 좋아하는 것은 포기하려 하지 않는다.

급하고 까다로운
아이 양육법

부모 입장에서 가장 힘든 아이가 급하고 까다로운 아이이다. 잘못하면 아이와 기 싸움을 벌일 수 있다. 이 기질의 아이는 자기 스스로 납득하지 않으면 안 된다. 부모는 먼저 아이의 요구와 바람을 인정하고, 현재 상황을 인식시켜야 한다. 그런 다음 대안을 제시하되, 선택은 아이가 하도록 해야 한다.

예를 들어 아이와 같이 공원에 산책을 나갔다가 점심때가 되어 집에 돌아와야 하는데, 아이가 집에 가지 않겠다고 떼를 쓴다면? 부모는 '○○가 더 놀고 싶구나.' 하고 아이의 요구와 바람을 인정해준다. 아이는 엄마가 자기의 마음을 알아주면 안정된다. 그때 다음 단계로 넘어간다. 즉 현재 상황을 인식시켜주는 것이다. '그렇지만 지금 가서 점심을 먹어야지', '지금 점심 먹으려고 아빠가 기다리고 있는데.' 등 왜 지금 집에 가야 되는지 상황을 말해 주자. 아이는 전체적인 상황을 인식하지 못하고 자기 입장에서만 생각하기 때문에 이러한 설명이 필요하다. 대안 제시 단계에서는 '그럼 조금만 더 놀래?', '밥 먹고 와서 더 놀까?', '내일 또 올까?' 등 그 상황에서 제시할 수 있는 대안을 말해준다. 둘 중 하나만 선택하게 하기보다 그 상황에서 가능한 모든 대안을 제시해 주는 게 좋다. 그러면 무엇을 선택할지 더 많은 생각과 고민을 하게 되어 아이의 사고발달에도 도움이 된다.

　마지막 선택은 부모가 정해주는 것이 아니라 아이가 하도록 해야 한다. 즉 '조금 만 더 놀게요.', '엄마, 내일 꼭 또 와야 돼.' 등 아이의 대답을 기다리자. 급하고 까다로운 아이들은 자기주장이 강하기 때문에 스스로 납득하는 상황을 만들어야 한다.

　아이의 타고난 기질을 무시하고 부모 자신의 즉흥적인 감정대로 아이와 상호작용하는 것이야말로 아이를 잘못되게 하는 지름길이다. 기질에는 좋고 나쁨이 없다. 다만 부모가 아이의 기질에 맞춰 반응해줄 수 있을 뿐이다. 기질을 바꾸려 들기보다 아이 기질의 결을 따라 가장 좋은 방향으로 성격이 형성되도록 해야 한다.

행복한 인간관계의 길잡이,
사회성

"대부분 부모와 자녀관계, 아이의 또래관계로 상담을 오고, 치료를 받고 있어요."

모래놀이치료사와 예비 치료사를 대상으로 아동 발달심리에 대한 워크숍을 할 때, 부모가 주로 어떤 문제로 상담이나 치료를 받으러 오는지 물어 보았다. 20여 명 중 자아존중감이라고 대답한 한 명만 빼고 나머지는 '관계 문제' 때문에 찾아온다고 했다. 다음 사례를 보면 아이의 관계에 문제가 있을 수밖에 없는 현실을 확인할 수 있다.

한 엄마가 같은 반 아이들과 나눠 먹으라며 어린이집에 간식을 가져 왔다. 그래서 선생님이 다른 아이들에게 간식을 나눠 주었더니 정작 간식을 가져온 아이가 울었다. 아이 엄마에게 그 얘기를 했더니 엄마가 이렇게 말했다.

"우리 아이가 울면 다른 아이들과 나눠 먹이지 마세요."

내 아이를 울리면 안 된다는 게 가장 중요하다는 생각이다. 그런데 정말 이게 맞을까? 아이는 집에선 혼자 먹는데, 어린이집에선 내 것을 다른 친구들에게 주는 것 같으니까 울 수도 있다. 아이는 그런 경험을 통해서 다른 아이들과 나눠 먹는 법을 배운다. 그런데 엄마는 아이가 배우지 못하게 하는 셈이다. 그렇게 자란 아이가 나중에 원만한 인간관계를 맺고 사회생활을 잘 할 수 있을까 생각해보자.

행복은 인간관계에 달려 있다

한 경제신문에서 직장인들을 대상으로 '직장생활에서 무엇이 가장 힘든가?'라는 설문조사를 했다. 가장 많이 나온 결과는 인간관계였다. 대부분의 직장인들이 일보다 상사나 동료 간의 인간관계가 힘들다고 했다. 이처럼 인간관계는 행복을 규정하는 중요한 요소이다.

인간에 대해 가장 방대하고 오랜 기간 연구해 온 하버드대 '행복의 조건' 연구팀의 연구 목적은 '무엇이 인간을 행복하게 하는가?'이다. 1937년, 하버드 법대에 입학한 2학년 268명, 서민 남성 456명, 여성 천재 90명을 무려 72년간 추적 연구했다. 연구 결과, 인간을 가장 행복하게 하는 것은 안정된 결혼생활과 고통에 대응하는 능력인 성숙한 방어기제 사용이라는 점이 밝혀졌다.

> "삶에서 가장 중요한 것은 사람들과의 관계이며, 행복은 결국 사랑이다."
>
> - 조지 베일런트, 《행복의 조건》

　인간을 행복하게 하는 것은 정서적으로 맺어진 인간관계다. 또한 기분이 별로 좋지 않을 때 마냥 우울해하거나 슬퍼하기보다 '그럴 수도 있지.', '괜찮아지겠지.' 하고 자기감정을 조절할 줄 아는 성숙한 방어기제의 활용도 행복한 마음과 직결된다. 이 외에 교육, 금연, 금주, 운동, 적당한 체중도 행복을 규정하는 요소들로 밝혀졌다.

　유학 시절, 구로 야나기 교수가 맡은 '인간관계론' 강의를 들었다. 정년을 앞둔 노교수는 진지한 표정으로 인간관계의 핵심은 홀로 있을 때와 함께 있을 때의 균형을 맞추는 것이라고 말해주었다. 이 세상을 행복하게 살아가기 위해서는 세 사람이 필요하다고 한다. 어떤 상황에서도 내 편이 되어 줄 수 있는 사람, 내가 어떤 얘기를 하더라도 나를 믿어줄 수 있는 사람, 내가 힘들 때 지지하고 응원해 주는 사람.

　나는 강의 중에 종종 학생들에게 눈을 감고 이 세 사람이 누구인지 떠올려보라고 한다. 세 사람이 다 떠오르는 학생은 20% 정도에 불과하다.

　행복한 인간관계를 맺기 위해서는 아이 때부터 누군가로부터 사랑 받는 것이 중요하다. 특히 부모로부터 충분한 사랑을 받아야 한다. 부모의 사랑을 느끼고 안정되어 있을 때, 아이는 다른 사람을 받아들이고 원만한 관계를 만들 수 있다. 연구에 의하면, 아빠가 적극적으로 육아에 참여해 아이와 친밀한 관계가 형성되었을 때, 아이들의 사회성 발달이 높게 나타난다고 한다.

임상심리학자 김중술 교수는 애착 보고서라 할 수 있는 《사랑의 의미》에서, 인생에서 가장 중요한 것은 나를 사랑해 주는 누군가가 있고, 내가 사랑하는 사람이 있고, 사랑을 주고받는 사람이 서로 맞물리고, 그 사랑의 느낌을 아는 것이라고 얘기한다. 이런 관계가 형성되어 있을 때 아이는 안정되고, 또래 친구들과 잘 어울려 지낸다.

사랑을 체험하는 아이

지하철 안에서 본 일이다. 6개월 정도 된 아기가 엄마 무릎 위에서 몸을 뒤로 젖히면서 울었다. 엄마는 자리에서 일어나 아이를 앞으로 안아주고, 먹을 것도 주어봤지만, 아이는 계속 칭얼거렸다. 아이를 다시 자리에 앉히고 스마트폰을 손에 쥐어줬다. 아이는 그제야 울음을 멈췄다. 아마 평상시에도 그렇게 달래주었던 탓일 것이다. 아이 때는 구체적으로 사람과 사물과의 상호작용을 해야 한다. 특히 사람과의 상호작용을 통해서 사회적 관계기술, 정서적 체험을 해야 한다.

아이들은 또래를 비롯한 주변 사람과의 관계가 중요하다. 또래와의 놀이를 통해 서로 협동하기도 하고, 갈등을 겪으며 서로의 욕구

파악을 하는 등 사회적 관계 기술을 배워가기도 하므로, 또래와 함께 할 기회를 자주 갖도록 해야 한다. 또, 한 아이가 건강하게 자라려면 최소 20명에서 100명까지 인간관계가 필요하다고 한다. 가능하면 다양한 사람들과의 상호작용을 통해 건강한 발달이 가능하도록 노력해야 한다.

동물행동학자 할로우 박사는 어려서부터 친밀한 접촉을 받지 못한 원숭이는 짝짓기도 잘 못하고, 새끼를 낳아도 쓰다듬지 않고, 젖도 잘 먹이지 않는다는 사실을 발견했다. 손상된 사회성은 회복이 어렵다는 얘기다. 아이들이 어려서부터 사회성이 발달하도록 해야 한다.

대학원 학생들과 종강 식사를 할 때, 6개월 된 아이를 둔 박사과정 학생이 아이를 데리고 왔다. 아이는 엄마 품에 안겨 모인 사람들을 보며 생긋생긋 웃는다. 관계를 갖고 싶다는 사인을 보내는 것이다. 자폐증 연구의 세계적 권위자인 콜로라도대학의 버트 엠디 교수는 아이들이 사회적 기술을 익히기 위한 행동 전략을 생후 6개월에서 2세까지 가장 활발하게 사용한다는 사실을 밝혀냈다. 따라서 이 시기에 아이의 사회성 발달이 가능하도록 교육해야 한다.

흡수정신, 아이는 무조건 빨아들인다

"아이들은 스펀지와 같다. 태어나서 3세까지는 무의식적인 흡수기이고, 3세에서 6세까지는 의식적인 흡수기이다."

본래는 의사였다가 교육학을 전공하고 '몬테소리교육법'을 만든 이탈리아의 마리아 몬테소리는, 아이 발달을 몇 가지 특성으로 설명한다. 그 중에 '흡수정신'이라는 개념이 있다. 아이는 스펀지가 물을 빨아들이듯 주어진 환경을 그대로 흡수한다는 것이다.

흡수정신은 0세에서 3세를 무의식적인 흡수기, 3세에서 6세를 의식적인 흡수기로 나눈다. 3세까지는 주어진 환경을 그대로 흡수하고, 3세에서 6세까지는 나름대로 선택해서 흡수한다. 그러므로 아이 발달에서 환경이 더 중요한 시기는 3세까지다. 주어진 환경 무조건 그대로 흡수하기 때문이다.

모방이 학습능력인
영유아기

영유아기는 부모가 아이의 교재이자 모델이 되는 시기다. 아이는 무조건적으로 부모의 행동뿐만 아니라 생각까지 자신의 것으로 받아들인다.

심리학자들이 아이의 학습능력을 알아보기 위해서, 태어난 지 72시간이 지나지 않은 아기에게 엄마가 혀를 내밀어 보이게 한다. 아이도 즉각 혀를 내민다. 이는 아기 때부터 지니고 있는 '모방'이라는 학습능력을 보여준 실험이다. 아이는 주위 사람들의 행동을 그대로 따라하는 모방을 통해서 학습한다.

생후 7~8개월의 아이는 여러 가지 제스처를 모방할 수 있다. 아이는 양육자의 행동을 이해하기 위해서 그들을 쳐다보기 시작하고, 되도록 똑같이 따라하려고 하는 모방행동을 나타낸다. 이것은 아이가 반복된 모방을 통해서 기억력을 향상시킨다는 증거이기도 하다. 생후 11개월에는 24시간 전에 일어났던 행동을 기억하고 모방할 수 있으며, 생후 14개월에는 1주일 전에 일어났던 행동도 모방할 수 있다.

다음은 언어 모방의 사례로 자신의 아이를 어린이집에 같이 데리고 다니는 교사가 들려준 이야기다.

"다른 아이들은 대부분 '엄마', '아빠'라는 단어를 먼저 구사한다고 들었는데 저희 아이는 처음 배운 말이 '이게 뭐야?'입니다. 돌쟁이답지 않게 정확하게 '이게 뭐야?'라고 얘기해서 가족들도 많이 놀랐습니다. 신기하기도 했고요. 그런데 곰곰이 생각해보니 제가 항상 어린이집에서 아이들과 활동할 때 '얘들아 이게 뭐야? 이게 뭘까?' 이런 식으로 상호작용을 시작하니까 이 말이 익숙해져서 배운 게 아닌가 싶습니다."

아이는 엄마가 하는 말 중에서 가장 많이 들었던 말, '이게 뭐야'를 먼저 배웠다. 당연한 결과다.

내가 어린이집 교사로 있을 때의 사례이다. 우리 옆 반의 아이였는데 나이에 맞지 않게 언어구사력이 매우 뛰어났다. 등·하원 시간에 보호자에게 아이의 언어적 환경이 어떤지 물었다. 아이는 친가와 외가를 합쳐 7년 만에 태어난 아이라고 했다. 등·하원은 주로 할머니와 이모가 했다. 아이는 양쪽 집안 어른들의 사랑을 듬뿍 받으면서 지냈다. 어른하고만 주로 상호작용을 하다 보니 아이의 말이 아닌 어른이 쓰는 단어를 주로 사용했다. 이와 같이 아이는 주변 사람을 통해 언어를 그대로 모방하며 배운다.

아이는 부모를 모방한다

부모라면 누구나 한번쯤 무심코 던진 말을 아이가 그대로 따라 해서 놀란 적이 있을 것이다. 알버트 반두라는 아이들은 주변 사람의 행동을 보고 배운다는 사회학습 이론, 모방학습, 관찰학습 이론을 만든 캐나다의 심리학자이다. 그는 유명한 '보보 인형 실험'을 통해서 아이가 제일 잘 따라 하는 모방은 '공격적 행동'이라는 사실을 밝혀냈다.

아이들에게 각 모델 역할을 맡은 성인이 보보 인형을 발로 차거나, 던지거나, 도구로 내리치는 등의 장면을 비디오로 보여주었다. 그 다음 비디오 장면과 똑같은 상황을 만들어서 아이를 관찰한 결과, 놀랍게도 아이는 자신이 본 행동을 그대로 따라 했다. 특히 공격적 행동의 경우에 모방이 더 많았다.

아이는 내 행동의 거울이기도 하다. 아이가 잘못된 행동을 한다면 부모의 행동을 살펴볼 일이다. 아이는 심리적으로 가장 가까운, 의미 있는 타자인 부모에게 가장 많은 것을 배우기 때문이다.

부모는 아이에게 의미 있는 환경을 제공해 주고, 바람직한 모델의 역할을 수행해야 한다. 내 아이는 스펀지가 물을 빨아들이듯이 부모인 나를 흡수한다는 사실을 잊지 말고, 말과 행동을 조심할 필요가 있다.

자아형성과 자기조절,
"내가 할 거야"
"참을 수 있어요"

"23~24개월이 되면 '싫어', '안 할 거야', '내가 할 거야'라는 말을 가장 많이 해요. 이때 엄마들은 아이가 왜 이렇게 말을 안 듣는지 모르겠다며 하소연해요."

이 사례는 보육교사가 전해준 이야기로, 아이들의 자아가 싹트고 있다는 증거이다. 즉 '나'를 인식하고 자기주장을 하거나, 무엇이든 스스로 하고자 한다.

아이들이 자신을 언제부터 인식하는지 알기 위해 실험을 했다. 아이의 코에 립스틱을 칠해 준 다음, 거울을 보게 한다. 이때 거울에 나타난 제 모습을 그냥 멀뚱멀뚱 쳐다만 보는가, 립스틱이 묻은 코를 만지는가에 따라 아이가 스스로를 이 세상의 독립적 개체로 인식하는지 여부를 알 수 있다. 코를 만지면 자신을 인식하는 것이고, 거울 속에 비친 제 모습을 '너 누구야?' 하듯이 그냥 쳐다만 보면 아직 자신을 인식하지 못한다고 볼 수 있다.

> "19개월이 지난 아이가 자아를 인식하는 모습이에요. 코에 립스틱을 발라 거울을 보여주었더니 거울 속에 비친 약간은 생소한 자신의 모습을 유심히 관찰하고 만지기도 하네요."

어린이집 교사가 자신이 맡은 아이를 대상으로 실험을 해본 결과, 18개월 전후가 되면 아이들은 남과 다른 자기를 인식하더란다. 물론 개인차가 있어 더 빠른 시기에 코를 만지기도 하지만, 21개월이 되면 대부분의 아이들이 코를 만진다.

아이가 드러눕는 이유

> "만 14개월 된 아이인데 자기주장을 하며 그냥 뒤로 누워버려요. 이때 어떻게 해주어야 할지 모르겠어요."

한 아이 엄마에게 받은 질문이다. 영유아기 아이의 특성을 잘 나타내주는 행동이다. 보통 이럴 경우 부모는 아이가 누구를 닮은 탓인지 말을 안 듣고 떼를 쓴다고 생각하는데 이 아이는 나름대로 자기주장을 하고 있다. 뒤로 누워버리는 행동은 뭔가 욕구 불만이 있는데 아직 언어적 표현이 부족하기 때문에 행동으로라도 자기 마음을 나타내는 것이다.

이때 부모가 아이를 야단치면, 이제 막 싹트기 시작한 아이의 자아가 손상을 받는다. 자아가 상처를 받으면 아이는 자신에 대해 부정적인 생각을 하고 자존감이 낮아져서 긍정적인 자아존중감을 갖기 어려워진다. 그러면 이후 성인이 되어서도 실패나 좌절을 경험할 때, 쉽게 극복하지 못하고 자포자기하게 된다. 그래서 마리아 몬테소리는 아이들을 지적하거나 혼내지 말아야 한다고 강조했다. 간접적으로 질문과 대답을 통해서 아이 스스로 자신이 잘못했다는 사실을 알아채게 하는 것이 바람직하다.

많은 연구에서 아이의 자아 인식과 애착관계 사이에 관련이 있음을 강조한다. 부모가 아이의 행동신호나 우울한 경험에 민감하게 반응하면, 아이는 자신이 가치 있고 대단하다고 여기는 등 스스로에게 긍정적인 감정을 느낀다. 즉 아이가 울 때 안아주거나 눈을 마주치면서 말을 건네면 아이는 안정을 찾는다. 그렇게 마음이 안정되면 좋은 느낌을 갖게 되고 긍정적인 자아가 발달된다.

자기조절력의 중요성

아이의 자아 발달과 더불어 부모가 중요하게 생각해야 할 것은 아이의 자기조절력이다. 일본에서 자타가 공인하는 아동발달심리학의 일인자라 불린, 오차노미즈여자대학에 계셨던 무토 다카시 교수는, 아이의 자아가 성장하고 있다는 것과 자기조절력이 싹트고 있다는 사실을 잊어서는 안 된다고 강조했다.

안타깝게도, 우리 부모들은 두 가지 모두 놓치고 있다. 아이들이 '싫어', '내가 할 거야' 라고 하면 고집이 세다고 야단쳐서 아이의 자아를 손상시키고, 아이가 쾌감을 느끼기 위해 일부러 배변을 참기도 하는데 억지로 배변을 강요하다 자기조절력을 갖지 못하게 한다.

수년 전 베스트셀러였던 호아킴 데 포사다의 《마시멜로 이야기》가 있다. 아이에게 맛있는 마시멜로를 하나 주되, 먹지 않고 15분을 기다리면 하나 더 주겠다고 약속한다. 15분을 참았다가 하나 더 받은 아이들이 기다리지 않고 바로 하나만 먹었던 아이들보다, 성인이 되었을 때 자신이 하고 싶은 일을 하면서 살아가고 있었다. 이처럼 자기를 컨트롤한다는 것은 스스로 원하는 삶을 사는가 그렇지 않은가와 연결된다.

마리아 몬테소리가 어렸을 때 먹은 지 시간이 얼마 지나지 않아 음식을 요구할 경우, 몬테소리의 어머니는 오래된 빵을 주면서 먹을 수 있으면 먹으라고 했다. 배가 고프지 않으면 먹고 싶더라도 참으라는 가르침이다. 이와 같이 일상생활 속에서 욕구를 적절하게 참게 하는 교육은 스스로를 조절할 수 있는 자기조절력을 키워준다.

편안함이
밑바탕이 된
감정조절 교육

뉴스를 보면 이른바 '묻지마 사건'이 자주 등장한다. 그 내용을 살펴보면 묻지마 사건은 결국 감정조절과 관련된 경우가 대부분이다. 최근 심리학 연구 중에서 가장 많은 연구 영역도 정서, 감정이다. (정서와 감정은 학문적으로 엄밀하게 구분하기도 하지만, 여기서는 구분하지 않고 사용하기로 한다.)

감정을 조절하는
능력

인간은 감정 상태에 따라 말이 나오고 행동이 나온다. 기분이 좋으면 목소리가 안정되고, 표정과 행동에서 그 느낌이 전해진다. 만일 화가 난 상태라면 목소리는 날카로울 것이며, 표정은 굳게 마련이다.

아이는 자기통제를 바탕으로 외부세계에 적응하고 정보를 습득

한다. 자기통제는 감정조절과 관련이 있다. 마음이 편안할 때 아이는 외부에 관심을 기울일 수 있고, 외부 자극에 집중할 수 있으며 정보를 자신의 것으로 의미 있게 받아들인다. 예를 들면, 아이는 편안한 가운데 생후 3일 만에 엄마의 목소리를 구분하기도 한다.

감정조절 능력 발달의
핵심은 안정애착

그렇다면 감정조절 교육은 언제 어떻게 교육해야 할까? 정서를 연구하는 학자들에 의하면 아이는 출생 시부터 흥분, 쾌, 불쾌의 정서를 가지고 있다가, 2세~3세가 되면 인간의 정서를 거의 다 나타낸다고 한다. 바로 이 시기가 적절한 감정조절 교육을 해야 할 때다. 이러한 교육은 이후 자신이 하고자 하는 일을 해나가거나 다른 사람과의 관계 형성에서 매우 중요한 기반이 된다.

EBS에서 방영된 〈퍼펙트 베이비〉에서는 아이들의 감정조절 능력 실험을 통해 감정조절의 핵심이 안정된 애착에 있음을 밝혀냈다. 아이들은 마음이 편안해지면 스스로를 받아들이면서 비로소 감정을 조절할 수 있는 힘을 가진다. 우리 어른도 심리적으로 안정되었을 때라야 주변 사람이나 상황을 편안하게 받아들일 수 있다.

이 프로그램은 또한 양육자의 감정조절 능력과 아이의 감정조절 능력 사이에 상관관계가 있음을 밝혀냈다. 양육자가 스트레스에 적절히 대처하고 감정을 잘 조절하면 아이의 감정을 돌볼 여유가 있으며 아이는 부모가 감정을 어떻게 조절하는지 살펴 본보기로 삼는다.

　뇌 과학에서는 참는다든가 분노를 억제하는 등의 감정을 조절하는 영역과 어떤 일에 주의를 기울여 해내는 인지 영역이 서로 근접해 있다고 본다. 그러므로 이 점을 고려하여 적절하게 교육이 이루어져야 한다. 감정을 잘 조절할수록 주의도 잘 기울이게 된다.

　감정조절 교육은 구체적인 행동과 연관해서 교육하면 좋다. 예를 들면 아이가 부모를 따라 가게에 갔다가 먹을 것을 계산하기 전에 먹으려고 할 때, 계산한 다음 먹게 하면 인내력을 길러줄 수 있다. 또 쌓기 놀이를 할 때 자기 마음대로 쌓아지지 않는다고 화를 내는 아이가 있다면, 처음부터 다시 쌓게 하여 스스로 사물의 특성을 파악하며 감정을 조절하는 경험을 하도록 해준다. 친구들과 게임을 할 때는 게임 규칙을 지키게 하는 등의 경험을 통해 적절히 자신의 감정을 조절하도록 할 수 있다.

　나는 일본 유학생활 7년 동안, 일본사람이 말로는 상대의 흉을 볼지언정 화내며 싸우는 장면을 보진 못했다. 아마도 어릴 때부터 감정조절 교육이 잘 이루어졌기 때문이 아닐까 생각한다. 섬이라는 지리적인 특성이 다른 사람과 감정적으로 대립해서는 안 된다는 문화적 특성을 만들었는지도 모른다. 이유가 무엇이든 감정조절에 신경을 쓰고, 아이들에게 구체적인 행동과 관련지어서 감정조절 교육을 하는 것은 분명하다. 특히 유치원이나 어린이집에서는 정서와 감정조절과 관련한 표현력 증진을 강조한다.

감정조절과
표현

감정표현은 말, 그림, 글, 몸짓 등 다양한 방법을 통해 할 수 있다. 그런데 자신을 자연스럽게 표현하기 위해서는 분위기가 중요하다. 강압적인 분위기여서는 안 된다. 아이가 자신을 자연스럽게 표현할 수 있는 따뜻하고 편안한 분위기가 필요하다.

감정조절이란 참는 것만이 아니라 적절하게 표현하는 능력이다. 그러므로 무엇보다 중요한 것은 자유로운 가정의 분위기와 부모의 수용적인 태도이다.

아이의 감정조절을 위해서, 어려서부터 정서지능(EQ)을 높여주는 교육도 중요하다. 이를 위해서는 아이가 화가 났거나 슬퍼하는 등 어떤 정서적 표출을 할 때 부모가 아이의 정서를 읽어주고, 스스로 안정될 때까지 기다려주고, 아이가 자신의 정서를 알아차리게 하는 것이 바람직하다.

아이가 행복하게 살기를 바라는 부모라면, 정서가 분화하고 발달해 가는 영유아기부터 정서적 안정을 토대로 구체적인 행동과 관련지어 감정을 조절하도록 해야 한다. 아이가 감정조절을 통해 스스로의 삶에 만족하고 기쁨, 즐거움 등 긍정적인 정서를 많이 경험하도록 해야 한다.

자아존중감,
나를 긍정하는 힘

"저렇게 걷다가 넘어져서 다칠까봐 안아주려고 했더니, 혼자 걷겠다고 막 울더라구요."

안면도자연휴양림에 갔다. 18개월 된 영아가 두 주먹을 쥐고 두 발을 벌린 채 걷고 있었다. 그 시기 영유아의 특징을 잘 나타내는 모습이다. 사진을 찍고 싶어 아이 부모에게 말을 건넸다. 바로 그때 아이 아빠가 했던 말이다.

그래도 혼자 걷게 내버려 둔 것은 잘한 일이다. 만약 그때 아빠가 아이를 안아주었다면 아이는 내가 걸었다고 느끼는 내적 만족감이나, 나도 할 수 있다는 자신감을 가질 기회를 잃어버리고 말았을 것이다. 그 아이는 자신을 긍정적으로 발달시켜주는 자율성을 얻기 위해서 스스로 걷고자 했다. 이런 경험들이 쌓여서 아이는 자아존중감을 갖게 된다.

자아존중감을 키워주는
아홉 가지 방법

자아존중감은 한 인간이 살아가는 데 중요한 요소이다. 자아존중감을 형성하는 요소는 존재 가치감, 자신감(유능감), 소속감이다. 인간은 자신이 가치 있다고 느꼈을 때 스스로를 긍정적으로 평가하고, 다른 사람들과도 원만한 관계를 맺을 수 있다.

또 무언가를 할 수 있다는 자신감이 있을 때라야, 자기에게 주어진 어떤 일을 해내려고 노력하며 새로운 일도 시도하며 달성하고자 한다. 아이는 자신이 어딘가에 소속되어 있다고 생각할 때 평안함을 느낄 수 있다. 아이가 자아존중감을 갖도록 하기 위해서는 부모는 다음과 같은 노력을 해야 한다.

첫째, 아이 발달 단계의 일반적인 특성과 아이가 지닌 개인적 능력을 파악해야 해야 한다. 개인적 능력은 지금까지의 경험과 어떤 활동과 과제를 제시했을 때 수행할 수 있는 능력이다.

둘째, 아이 발달 단계의 특성과 능력에 적절한 활동 및 성취과제를 제시해야 한다. 영아기, 유아기 등 연령에 따른 일반적인 발달특성을 잘 이해하고, 아이 고유의 특성과 능력을 파악하여 거기에 맞는 적절한 활동이나 성취 과제를 제시해야 한다.

셋째, 아이가 어떤 활동과 과제를 성취하거나 성공하는 경험을 자주 갖도록 해야 한다. 자신의 특성과 능력에 맞는 활동과 과제를 성취할 때, 아이는 기쁨과 만족을 맛보면서 자신감을 쌓아나간다.

넷째, 아이가 주어진 활동과 과제를 성취하고 성공했을 때, 부모는 칭찬과 인정을 아끼지 말아야 한다. 그리고 칭찬은 구체적으로 해주어야 한다. 예를 들어 '착하구나'가 아니라 '동생을 도와줘서 착하구나'라고 해주어야 한다. 그래야 자신이 칭찬받는 이유를 알고 다음에 행동을 할 때 기준으로 삼는다. 또한 잘한 행동은 즉각 칭찬해주어야 효과적이다. 진실되고 생생한 칭찬을 해주었을 때, 아이는 스스로 뭔가를 더 해야겠다는 배움의 의욕도 갖는다.

아이가 자신의 성취와 성공에 대하여 부모, 교사, 또래 등 주변 사람들부터 칭찬을 받고 인정받으면 '아 나는 사랑받는 존재구나'라고 느끼며 자신이 가치 있다고 여기게 된다.

다섯째, 아이가 혹시 실패하거나 잘못하더라도 꾸짖거나 체벌을 하지 말고 격려해야 한다. 아이는 실수나 실패에 대하여 타인으로부터 지적받으면 자아가 손상된다. 아이가 혹시 실패하거나 잘못을 하더라도 지지하고 응원해주어야 한다.

원광아동발달연구소 이영애 소장은 부모의 부정적인 한마디가 아이의 자아존중감을 짓누른다고 주장한다. 이 소장은 부정적인 말보다 '잘하고 있어. 계속해 봐.', '힘들지? 그렇지만 넌 할 수 있어', '와, 해냈다. 거 봐 넌 할 수 있지?' 하는 격려의 말이 아이의 자아존중감을 만든다는 점을 강조한다. 마리아 몬테소리도 잘못을 지적하지 않는 것이 영유아기 교육에서 중요하다고 보고, '실수의 자기 조정' 원리를 만들었다. 또 누군가의 지적을 받지 않더라도 스스로 자신이 잘못한 것을 알아차리도록 교구를 고안했다. 자꾸 지적을 받는 아이는 자존감이 낮아지기 때문이다.

여섯째, 스스로 성취하고, 성공할 수 있게 하고 답을 주는 식의 개입은 최소화해야 한다. 어떤 일을 스스로 달성했을 때 기쁨과 만족감이 생긴다. 우리나라 부모는 아이가 스스로 달성하도록 하기보다는 답을 주는 식의 개입이 많은데, 이는 아이가 스스로 할 수 있는 기회를 빼앗는 셈이다.

밥을 흘리더라도 스스로 먹게 하고, 신발을 거꾸로 신더라도 스스로 신게 하고, 엇박자로 단추를 채우더라도 스스로 채우고 옷을 입게 해야 한다. 무언가를 만들 때도 아이가 할 수 있는 수준을 제시하고 스스로 완성하도록 해야 한다. 아이가 하지 못한 것을 부모가 완성시켜 주거나 못한다고 화를 내는 것은 아이 발달에 부정적 영향을 끼친다.

일곱째, 아이가 시행착오를 하더라도 스스로 문제를 해결하도록 기다려주어야 한다. 아이는 스스로 문제를 해결했을 때 진정한 기쁨과 만족을 느낄 것이며 그러한 경험이 자아존중감 형성의 토대가 된다. 어떤 일을 자기 스스로 하고 나서 '아 내가 해냈구나!' 하고 느끼는 내적 만족감, 이것은 아이 발달에 중요한 자아존중감의 바탕이다.

여덟째, 아이에 대해 애정을 가지고 수용적 태도로 대해야 한다. 나는 부모의 양육 태도와 유아의 사회도덕성 관계에 대한 연구로 박사학위를 받았는데, 연구 결과 아이를 애정적, 수용적 태도로 대할 때 사회도덕성 발달 등 아이의 발달에 긍정적인 영향을 미치는 것으로 나타났다. 행동주의학자 스키너도 아이에게 칭찬해 주고 인정해 주는 등의 긍정적인 강화가 바람직하다고 했다. 부모가 애정을 가지고 아이를 수용적으로 대할 때 아이는 자아존중감을 형성할 수 있다.

아홉째, 아이에게 직접적인 영향을 주는 부모 자신부터 자아존중감이 있어야 한다. 부모의 안정적인 태도가 자연스럽게 아이에게 긍정적인 영향을 미칠 수 있다. 따라서 부모가 자신을 이해하고 사랑하기 위해서 자신의 어린 시절을 되돌아볼 필요가 있다. 혹시 그때 충분히 사랑받지 못했다고 생각한다면, 지나간 과거를 바꿀 수 없더라도 지금 현재 생각은 바꿀 수 있음을 기억하자. 충분히 사랑받지 못한 나 자신을 스스로 위로하고 사랑할 줄 알아야 한다. 부모의 마음이 평안해야 아이의 행동도 여유롭게 받아들일 수 있다.

회복탄력성의 바탕이 되는
자아존중감

아이는 칭찬과 인정을 받고, 존중받음으로써 자신을 긍정적으로 생각하며 자부심을 갖게 된다. 이러한 경험을 자주 할수록 자아존중감이 발달한다. 이는 최근 교육 전문가들이 주목하는 '회복탄력성'의 근간이기도 하다. 1980년대부터 심리학과 교육학 분야에서 크게 주목받고 있는 개념이다.

에너미 워너 교수는, 1955년에 하와이의 카우아이 섬에서 태어난 약 700명 중에서 가장 가정환경이 열악한 아이 201명을 30년 동안 추적 연구했다. 그 결과 3분의 2 가량이 사회 부적응자로 성장했고, 3분의 1에 해당하는 72명은 큰 문제없이 성장했다. 워너 교수는 72명의 회복탄력성이 높다고 평가했다. 이들이 열악한 환경에서도 큰 문제없이 성장했던 것은 아이를 무조건적으로 사랑해주는 어른이 적어도 한 명 이상 있었기 때문이라고 한다.

> "행복한 삶은 겪었던 고통이 얼마나 많고 적은가보다는 그 고통에 어떻게 대처하는가에 따라 결정된다."
>
> – 조지 베일런트

우리가 살아가는 현대 문명사회는 불확실하고 복잡하다. 장차 영유아들이 성인이 되어 살아갈 세상은 더할 것이다. 시간이 지날수록 긍정적인 자아상과 자신감이 중요해질 것이다. 자신감이 있어야 어려움에 대처하는 능력도 강해진다. 어린 시절에 자신감을 심어주어야 한다. 더 자라면 늦다. 영유아기 부모들은 아이를 인정해주고 아낌없이 칭찬해주어야 한다.

습관, 아이를 만드는 기초공사

"일본에서 한국 자매도시 아이들의 홈스테이를 돕고 있어요. 그때 한국 아이들을 보면 밥을 흘리면서 먹는다든가, 자기가 할 일을 하지 않는 등 기본적인 습관이 안 든 경우가 많아요. 어려서부터 받은 교육이 문제이지 않을까 싶어요."

일본에서 생활하는 지인이 들려 준 얘기다. 한국 아이들의 생활습관이 문제라는 것이다. 일본 부모들은 아이의 생활습관 형성을 매우 중요시한다. 이를테면, '밤 9시에 자서 아침 6시 30분에 일어나 7시에 아침식사를 한다'와 같이 잠자는 시간, 식사 시간 등을 정해서 지키게 하고, 규칙적인 생활습관을 몸에 익히도록 한다.

일본 유치원과 어린이집에서 가장 중요시하는 교육 중 하나가 습관 형성이다. 아침에 등원하면 아이들은 가방을 놓고 먼저 세면대로 가서 손을 씻는다. 바깥놀이를 하고 나서나 식사나 간식 전후에도 철저하게 손 씻기 교육을 한다. 세면대를 교실 내에 설치하여 아이들이 쉽게 손을 씻도록 한다.

일본인의 철저한
생활습관 교육

일본 사람들은 학교나 직장, 음식점 등 목적지에 도착하면 먼저 세면대로 가서 손을 씻고 입 안을 헹군다. 입 안을 헹구는 것은 오는 중에 몸에 해로운 물질이 입 안에 들어갈 수도 있어서라고 한다. 그렇게 행동하는 것은 어려서부터의 습관 형성 교육 덕분이다.

도쿄가쿠게이대학(東京學藝大學, 동경학예대학)에서 유아심리를 공부하고 있을 때였다. 유아교육과에 네 분의 교수 중 젊은 남자인 모리 교수가 있었다. 그는 유아운동심리를 전공했는데, 유아건강 과목까지 강의했다. 모리 교수는 손 씻기 습관 형성만 잘 하도록 해도 아이들 건강의 90% 이상은 보장하는 것이나 다름없다면서 손 씻기 교육을 강조했다. 질병은 감기가 시초인 경우가 많고 감기는 바이러스 병균 때문에 생기는데 손 씻기만 잘해도 90% 이상을 예방할 수 있다는 것이다.

일본에서는 손 씻기와 더불어 아이들에게 가방을 땅바닥에 놓지 않도록 한다. 땅바닥에 가방을 놓으면 가방에 병균이 옮아 결국 집 안까지 들어올 수 있다는 것이다. 또 출입구에 옷걸이를 준비해 두고 외투는 거기에 걸도록 한다. 이처럼 아이 때부터 철저한 위생 관리 습관을 들인다.

몸에 배인 습관의 위력

아주 특별한 일이 없는 한 나는 차를 아파트 지하에 주차한다. 간혹 지상에 주차할 때도 무심코 엘리베이터에서 지하 버튼을 누른 적이 있다. 항상 지하 버튼을 누르는 것이 습관이 되어버린 까닭이다. 이와 같이 어떤 행동이 습관이 되면 뇌는 작은 움직임만으로도 같은 일을 할 수 있다. 습관이 안 된 사람은 많은 노력을 기울여야 하는 일인데 그것에 습관이 된 사람은 쉽게 할 수 있다.

어떤 습관이 형성되기 위해서는 21일 간 매일 계속하면 생체 리듬이 생겨 근육이 기억하고, 뇌에는 회로가 만들어져 자연스럽게 그 행동이 나온다고 한다.

이를 과학적으로 연구한 것이 〈유럽 사회 심리학〉에 실린 습관형성과 관련한 연구이다. 영국 런던대학 제인 웨들 교수가, 실험 참여자 96명에게 같은 행동을 얼마 동안 반복해야 자동적으로 반사행동을 하게 되는지 실험했다. 연구팀은 참여자들에게 건강에 도움이 되는 여러 가지 행동을 하게 했다.

식사 때 과일 먹기나 물 마시기, 매일 반복해서 운동하기 등을 실천하게 하면서, 의무감이나 의지로 하는지 반사적으로 하는지 테스트했다. 그 결과 평균 66일이 되면 생각 없이 반사적으로 행동하게 됨을 밝혔다. 이 연구 결과에서 한 가지 습관을 들이기 위해서는 적어도 약 두 달 정도는 같은 행동을 반복해야 함을 알 수 있다.

유태인 부모는 아이에게 불을 끄기 전까지 할 일을 다 마치도록 교육한다고 한다. 이는 시간을 효율적으로 관리하는 습관을 만들어 주기 위해서다. 불끄기 전까지, 해야 할 일을 미루지 않고 한다면 알찬 하루가 될 것이다. 그 하루하루가 모여 충실한 인생이 될 것임에 틀림없다.

습관은 한 사람의 운명에 많은 영향을 끼친다. 부모는 습관 형성이 가장 잘 되는 어린 시기에 아이가 좋은 습관을 몸에 지니도록 관심을 갖고 적절한 지도를 해야 한다.

조기교육 No,
적기교육 Yes

"가느다란 전선에 과도한 전류를 흘려보내면 과부하 때문에 불이 난다."

국내 뇌 연구 권위자인 서울대학교 의과대 서유헌 교수가 《내 아이의 미래가 달라지는 엄마 표 뇌교육》에서 언급한 말이다. 여기서 가느다란 전선은 뇌의 신경세포를 의미한다. 아이의 뇌 신경세포는 마치 연결되지 않은 기계와 같다. 서 교수는 아이의 머리에 부모의 욕심으로 너무 많은 것을 넣어주려고 하면 문제가 생긴다고 한다. 과도한 교육열은 아이들이 겪는 큰 문제 중 하나이다.

무조건 많이 가르친다고
될 일이 아니다

"주변에서 대개 국어, 영어, 산수, 예체능 중 두 개 정도는 필수로 보내고 있어요. 아이들이 지칠 정도에요. 우리 아이도 산수는 3세부터 했고, 지금 5세인데 영어와 컴퓨터는 필수로 하고 있어요."

"요즈음 아이들이 불쌍하다고 생각해요. 부모들이 놀게 하기보다는 학습을 우선으로 생각하고 있어요. 부모들 중 70~80%는 가르치고자 하는 욕심이 많아요."

5세 아이를 둔 엄마들의 이야기다. 아이들이 어려서부터 학습에 짓눌려 있다 보니, 놀 시간도 제대로 없다. 기껏해야 하루 한 시간이나 많아야 두 시간 정도 논다고 한다. 아이들에게 놀 권리조차 제대로 주지 않고 있다.

영유아교육 전문지에 칼럼을 쓰기 위해 아이를 둔 부모들에게 설문 조사를 한 적이 있었다. 그때 나온 이야기다.

"아이들 특기교육이 선택이긴 하지만 다른 아이들은 다 하는데 안 시키자니 그렇고, 시키자니 돈이 아까워요. 과연 효과가 있을까요?"

이처럼 우리나라 아이들은 어린 시기부터 어른들에 의해 이것저것 배워야 하는 환경에 둘러싸여 있다. 심지어 다음과 같은 경우도 보았다.

"우리 아이가 지금 초등학교 2학년 1학기 진도를 나가고 있는데, 나

중에 학교에 들어가서 잘 적응할 수 있을지 모르겠어요."

이 아이가 지금 몇 살일 것 같은가? 어느 유치원에 5세 아이를 보내고 있는 아빠의 얘기다. 아이가 먼저 나가고 있는 진도를 다 이해할 수 있다면 별 문제가 없겠지만, 이해가 잘 되지 않고 부담을 느껴 심한 스트레스를 받는다면 아이의 발달에는 문제가 생긴다. 또 학교에 가서는 이미 다 배운 내용이므로 공부에 흥미를 잃어버릴 수도 있다.

어린이집에 다니는 아이를 일주일에 일곱 개의 학원에 보내고 있다는 한 아이 엄마는 '학원비 지출이 부담스럽다. 대안학교 같은 곳도 생각하지만 주변이 의식된다'라고 얘기한다. 이런 양육환경에서 자라는 아이가 건강할 리 없다. 아니나 다를까, 행동에 문제가 생겨서 심리치료를 받게 되었다.

부모들에게 자녀가 어떤 아이가 됐으면 하는 기대가 있는지 물어본 적이 있다. '비행사, 검찰, 의사가 됐으면 좋겠다'라는 답변이 대부분이었다.

하지만 일본의 부모들은 아이들에 대해 다음과 같은 생각을 들려준다. '의사나 변호사 등 아이가 꼭 성공했으면 하는 그런 생각은 없다.', '자신이 좋아하는 일을 할 수 있으면 된다.'

아이들은 때를 따라 자란다

지나친 조기교육은 오히려 독이 된다. 뇌 과학자 서유헌 교수는 뇌는 나이에 따라 부위별 발달 속도가 다르며, 20년 간 차근차근 교육해야 한다는 점을 강조한다. '잔디를 잡아당긴다고 빨리 자라지 않는다'라는 아프리카 속담도 있다. 일부러 가르치기보다 성장과 발달 속도에 맞게 호기심을 만족시킬 수 있는 환경을 갖추고 스스로 탐색하게 해야 한다.

프랑스의 철학자 장 자크 루소는 아이들은 예정된 스케줄대로 발달한다고 했다. 즉 태어날 때 일정한 프로그램을 가지고 태어나서 그 프로그램대로 발달이 이루어진다는 말이다. 예를 들면, 아이는 뒤집은 다음에 기고, 기다가 앉고, 짚고 일어나다가 스스로 서고, 걷는다. 이와 같이 발달은 이미 정해진 스케줄에 따라 이루어지므로 그때가 되었을 때 적절한 환경을 갖춰 자극을 주어야 한다. 그러면서 루소는 잘못된 교육이나 제도가 오히려 아이의 본성을 왜곡시키는 경향이 있으므로 지나치게 주입식으로 가르치려 하거나 교육하지 말라고 주장했다. 그가 자연으로 돌아가라고 말한 것은 아이의 본성대로 살게 하라는 뜻이다.

미국의 아동심리학자 아놀드 게젤은 '학습준비도'라는 개념을 제시했다. 즉 아이가 뭐든지 배울 준비가 되었을 때 환경을 갖추어 주고 자극을 교육해야 한다는 내용이다. 이들의 생각은 일찍 교육하는 일이 중요하지 않다는 것이다.

조기교육이 아니라 적기교육을

부모는 아이에게 조기교육이 아닌 적기교육을 해야 하며 이와 관련해 다음과 같은 점들을 고려해야 한다.

첫째, 아이의 뇌는 연령에 따라 각각의 역할을 하는 영역별 발달 속도가 다르므로, 이를 바탕으로 교육해야 한다.
둘째, 아이의 발달은 예정된 순서에 따라 발달하므로 너무 조급하게 생각하지 말아야 한다.
셋째, 아이에게 적절한 시기와 환경을 고려해야지, 발달 단계에 맞지 않는 무조건적인 선행학습은 바람직하지 않다.
내 아이의 두뇌 발달 단계, 배우고자 하는 준비가 되어있는지 등을 제대로 알고 교육에 임하는 적기교육이 바람직하다.

'유아교육론' 과목을 맡아서 강의할 때의 일이다. 학생들이 현장을 접해 보도록 유치원이나 어린이집에 직접 가서 원장, 원감, 주임교사, 교사 등 누구나 인터뷰가 가능한 분과 '유아교육의 중요성', '유아교육의 문제점'에 대해 얘기를 듣고 오라고 했다. 그 인터뷰 내용과 자신의 생각을 적어서 제출하고 발표하게 했다.
학생들이 발표한 유아교육의 문제점 중 가장 많이 나온 내용은 부모들이 잘못된 교육관으로 아이들에게 일찍부터 문자교육, 산수교육을 요구한다는 점이었다.

서울시 어느 구에서 보육정책위원으로 활동할 때, 국공립어린이집 원장을 선출하는 일을 보았다. 한 명을 뽑는데 60여 명이 지원했다. 서류심사를 통과한 5명 전후의 지원자에게 어린이집 운영에 대한 프레젠테이션을 하게 한 다음 면접을 진행했다. 이런 면접 때마다 매번 내가 빠뜨리지 않고 했던 질문이 있다.

"지원자가 원장이 되었는데 부모들이 문자교육이나 산수교육을 요구한다면 어떻게 하시겠습니까?"

지원자 대부분은 아이들의 발달에 적절하지 않다고 생각은 하지만 부모들이 원하면 운영상 어쩔 수 없이 해야 한다고 답변했다. 그런데 한 지원자가 다음과 같이 말했다.

"저는 지금 비영리법인이 운영하는 어린이집 원장을 맡고 있습니다. 처음 임용되어 그곳에 갔을 때 학습지로 한글교육을 하고 있었습니다. 그 방법은 아이들의 발달과 맞지 않다고 판단하고 부모회의를 개최해서 학습지를 통한 한글교육을 하지 않겠다고 하며 '저와 생각이 맞지 않으면 다른 곳으로 옮겨도 좋습니다'라고 말했습니다. 그런데 한 명도 옮기지 않았습니다."

학습지를 통한 문자교육이나 산수교육은 아이의 사고를 단순화시키고 스트레스를 준다. 이후에 오히려 학습에 대한 흥미를 잃게 한다.

조기교육이 아닌 적기교육이 바람직하다는 점을 고려할 때 유치원이나 어린이집 선택 시 다음 사항을 염두에 두는 것이 좋다.

① 원장의 영유아관과 운영 철학 살피기
원장이 아이를 어떤 존재로 보는지는 매우 중요하다. 아이는 무한한 가능성이 있으며, 환경과의 상호작용을 통해서 그 가능성과 잠재력을 발휘하게 해주어야 한다는 영유아관을 가져야 한다.

② 교사의 영유아관과 학급운영 철학 살피기
교사는 직접 아이들과 상호작용을 하므로 교사의 영유아관과 학급운영 철학은 매우 중요하다. 원장과 마찬가지로 교사도 앞서 말한 영유아관을 가지고 있어야 한다.

③ 환경 구성이 아이 발달에 적합한지 살피기
영유아의 신체 발달, 사회성 발달, 정서 발달, 언어 발달, 인지 발달 등 전인 발달을 고려한 환경 구성이어야 한다. 부모에게 보이기 위해 환경판이나 게시판만 화려하게 꾸민 곳은 피해야 한다.

④ 특기교육이 적은 기관 선택하기
특기교육은 아이 발달에 적절하지 않다. 아이 발달의 특성상 놀이 위주로 아이들의 흥미와 욕구를 충족시켜주어야 한다.

⑤ 형식적인 행사가 적은 기관 선택하기
우리나라 유치원이나 어린이집은 행사가 많은 편이다. 유아에게 스트레스를 주면서까지 부모에게 잘 보이기 위해서 행사를 실시하는 곳도 있다. 행사의 기준은 아이 발달에 적합한지가 우선이다. 일본의 경우 행사를 최소화하고 있으며, 보여주기식이 아닌 일상생활 속에서 조금씩 연습해서 그날을 즐기는 행사로 진행한다.

⑥ 학급당 인원수가 적은 곳을 선택하기

학급당 인원수가 많으면 교사의 눈에서 벗어나는 유아가 생길 수밖에 없다. 교사 대 아이들 비율은 법으로 정해져 있지만, 약간 융통성 있게 운영되므로 가능하면 학급당 인원수가 적은 곳을 선택하는 것이 바람직하다.

⑦ 학습지로 교육하는 곳 피하기

종종 책상에 아이들을 앉혀 놓고 전문 학습지로 교육하는 곳이 있다. 문자 읽기나 숫자를 일찍 배우는 것은 크게 중요하지 않다. 때가 되면 자연스럽게 할 수 있다. 잘못 접근하면 나중에 오히려 학습에 싫증을 낼 수 있으며, 무한한 가능성의 싹을 자를 수 있다. 아이는 놀이를 통해서 배운다. 아이의 관심과 흥미가 있는 것부터 시작해야 한다.

⑧ 체험 위주로 하는 기관 선택하기

아이들은 오감으로 스스로 사물을 탐색해 가야 하는 시기에 있다. 체험을 통하여 사물의 원리와 본질을 터득해 가야 하므로 체험활동을 중시하는 곳이어야 한다. 그래야 유아들이 몸으로 지식을 쌓아갈 수 있다.

아이들은 뛰어난 학습능력이 있다. 기본적으로 타고난 학습능력을 토대로 때가 되면 자연스럽게 배워간다. 스스로 학습해야 효과가 있다. 즉 관심과 흥미를 갖고 배우고 싶어 할 때 적절한 환경을 갖추어주고 환경과 스스로 상호작용하도록 해야 한다.

아이가 보내는
11가지 신호

1. 영유아기는 인간 발달에서 가장 중요한 시기이고, 한 번 지나가면 다시는 돌아오지 않는다. 아이는 결코 기다려주지 않는다. 아이 발달을 위한 우선순위를 정하자. 아이의 발달이 중요한 시기에 시간과 마음을 들여 양육하자.

2. 호기심을 갖고 스스로 탐색하게 하자. 일방적으로 시키거나 답을 주는 교육은 뇌 발달이 가장 잘 이루어지는 영유아기 아이에게 바람직하지 못하다.

3. 첫 양육자와의 만남이 성격 형성에 절대적인 영향을 끼친다. 부모가 아이에게 잘 되라고 꾸중하거나 화를 내는 것은 아이를 진짜로 잘 되게 하는 것이 아니라, 성격 발달에 부정적인 영향을 준다.

4. 아이의 타고난 기질을 파악하라. 기질에 따라 순한 아이, 느린 아이, 급하고 까다로운 아이가 있다. 기질에 맞은 적절한 상호작용이 아이의 성격 형성에 바람직하다.

5. 다른 사람과 더불어 살아갈 수 있는 사회성 발달에는 아이 때 경험이 중요하다. 부모가 사랑을 주어 마음이 안정되게 하고, 또래를 비롯하여 다양한 사람을 만나도록 해야 한다.

6. 아이의 학습능력은 모방이다. 스펀지가 물을 빨아들이듯 아이는 부모의 모든 것을 흡수하며 자란다.

7. 아이가 '싫어' '안 돼' '내가 할 거야'라고 말하는 것은 자아가 싹트고 있다

는 증거다. 이때 자꾸 지적하거나 혼내지 말자. 적절한 지도를 통해 자아발달을 돕고 자기조절력을 키워주자.

8. 아이는 마음이 편안해야 감정조절을 잘 할 수 있다. 아이를 따뜻하게 돌봐주어 부모와 안정된 애착이 형성되도록 하자.

9. 아이가 밥을 먹거나 신발을 신는 등 어떤 일에 성공하고 성취하는 경험을 많이 할 수 있게 하자. 단, 아이 스스로 해야 한다. 아이의 성취에 부모가 진심어린 칭찬과 인정을 해주면 아이는 자아존중감을 갖게 된다.

10. 습관 형성이 가장 잘 되는 어릴 때부터 생활습관을 몸에 지니게 해야 한다. 예를 들어 손 씻기 습관을 잘 들이면 질병의 90%를 예방할 수 있어 아이가 건강하게 자랄 수 있다.

11. 조기교육이 아닌, 뇌 발달에 맞는 적기교육으로 접근해야 한다. 뇌 발달을 고려하지 않은 교육은 오히려 스트레스를 유발시켜 아이 발달에 부정적인 영향을 준다.

아이 발달,
놓치지 말아야 할
9가지

* 미국의 심리학자이자 교육학자인 하비거스트는 아이 발달에 있어서 빠트려서는 안 되는 발달과업 아홉 가지를 제시하였다. 아이 발달에 있어서 필수적인 것으로, 가장 기본적이고 핵심적인 과제라 할 수 있다. 이를 발달과업이라 하는데 걷기, 딱딱한 음식 먹기, 언어발달, 배변 습관, 성정체성 형성, 생리적 안정, 개념 형성, 애착 형성, 도덕성 발달이 그것이다. 아이 발달을 위해 부모가 반드시 숙지하고 실천해야 할 중요한 내용이다.

걷기,
주변을 탐색한다

"우리 아이 데리고 그냥 집에 갈래요."

어린이집에 근무하는 보육교사에게 들은 이야기이다. 어느 날 아이들을 데리고 밖으로 탐색활동을 나가려는데 한 어머니가 아이를 데리고 늦게 등원하다가 교사와 마주쳤다. 교사가 때마침 지금 밖으로 탐색활동 나가려고 한다고 얘기하자, 엄마가 이렇게 말했다고 한다. 어린이집은 교실 안에서 뭔가를 가르치고 배워야 하는데 바깥 활동에선 배울 게 없다고 생각한 모양이다.

부모들 중에서는, 여전히 바깥 활동이 실내 활동에 비해서 아이의 발달에 큰 도움이 되지 않는다고 오해하는 분이 있는 듯하다. 숫자를 배우고, 영어를 배우면 더 좋다고 느끼는 것도 그렇다.

걷기는
배움이다

보행(步行) 즉, 걷는다는 것은 어떤 의미인가? 교육적 관점에서 보행은 스스로 돌아다니며 탐색하는 과정이므로 중요하다. 아이 입장에서는 대단한 일이기도 하다. 어른들도 그런 경험이 있지 않은가? 자전거나 자동차를 처음 탄 사람은 시야가 넓어져 다양한 광경을 접하는 기쁨을 맛본다.

아이가 1년여 동안 누워 있다가 스스로 걸으면서 돌아다닐 무렵 주변 세계는 그야말로 호기심거리로 가득 차 있다. 아이는 새로운 환경에서 이것저것 탐색하기 시작한다. 엄마가 화장하다 잠깐 전화 받는 짧은 순간에도, 아이는 어느새 달려와 화장품을 다 꺼내놓고 망가뜨려 놓기도 한다.

어린이집 1세 반 담임을 맡은 보육교사에게 들은 이야기이다. 걷기와 바깥 활동이 중요하다고 생각한 교사는 비가 많이 오거나 특별한 날을 제외하고는 매일 아이들을 데리고 어린이집 근처의 낮은 산으로 갔다.

처음에는 아이들이 가다가 중간에 힘들다고 주저앉아 버렸다. 그런데 어느 순간부터는 어린이집에 오자마자 아이들이 먼저 신발을 신고 야산에 가자며 교사의 옷을 잡아 이끌게 되었다. 아이들은 어린이집에서 체험학습장으로 만든 텃밭을 지나면서 상추, 고추 등을 만지기도 한다. 산에 도착해서는 솔방울, 풀, 나무 등을 신기해하며 손대기도 하고, 가지고 놀기도 했다.

  이러한 활동은 뇌 발달을 촉진시킨다. 아이는 늘 새로운 환경에 노출되어야 한다. 특히 뇌 발달이 가장 왕성하게 이루어지는 시기에 아이를 한 공간에만 있게 하면 곤란하다. 뇌는 익숙한 것에는 자극이 되지 않기 때문이다.

  아이는 새로운 환경을 탐색하면서 점점 더 세상에 대한 스스로의 개념을 형성해 나간다. 직접 눈으로 보고, 손으로 만지고, 코로 냄새를 맡고, 입으로 맛을 느끼고, 귀로 듣게 해야 한다. 이러한 경험은 아이가 세상을 이해하는 틀이 된다. 그러므로 부모는 되도록 아이에게 더 많은 체험과 탐색을 할 수 있는 환경과 자극을 제공해 주어야 한다.

  또 두 발로 걷는다는 것은 양 손을 자유롭게 사용할 수 있다는 뜻이다. 손은 밖으로 나온 뇌와 같다. 손은 무려 뇌의 30%를 자극해 준다. 그러므로 손을 자주 사용하도록 해야 한다. 그래서 1세가 되어 아이가 걷기 시작하면 아이를 실내에만 있게 하기보다 바깥 활동을 통해 탐색할 수 있도록 해주는 것이 좋다. 손을 움직여서 구슬 끼우기, 색종이 접기, 컵 쌓기 놀이, 모양 틀에 도형 끼우기 등 조작 놀이를 많이 하도록 해주자.

발달을 책임지는
딱딱한 음식 먹기!

"아이가 빨리 먹도록 하거나, 좀 더 많은 양을 쉽게 먹게 하기 위해 밥을 국에 말아서 먹이는 경우를 주변에서 많이 봐요. 그런데 유치원에 교육실습을 갔더니 밥과 국을 따로 먹이면서 꼭꼭 씹어서 먹도록 하는 교육을 매우 중요시하더군요."

적당하게 딱딱한 음식을 먹여야 하는 이유를 잘 모르고, 위에서 말한 것처럼 밥을 국에 말아서 먹이거나, 유연한 음식을 먹이는 부모가 종종 있다.

꼭꼭 씹어 먹는
공부

아이가 생후 2~3개월 무렵이면 침 분비가 많아진다. 침에는 탄수화물의 소화흡수를 돕는 효소인 아밀라아제가 다량 함유되어 있다. 신체 발달적으로 생후 5개월이면 손으로 물건을 집어 들기가 가능해서 음식도 집을 수 있다. 16개월 정도면 첫 번째 어금니가 나오고 첫 번째, 두 번째 어금니가 나온 뒤 약 1년 후인 29개월쯤이면 대부분의 치아가 나온다. 그러므로 생후 1년 반 전후부터는 음식을 씹을 수 있는 상태가 된다.

아이에게 왜 먹기 쉬운 유연한 음식이 아닌 적당하게 딱딱한 음식을 먹여야 할까? 일본의 저명한 소아과 의사 세 명이 쓴 《첫아이 면역력 육아법》이라는 책에서는, 그 이유를 다음과 같이 밝히고 있다.

● **위의 부담 덜어줌**
찬 음식은 위에 부담을 주는데 딱딱한 음식을 여러 번 꼭꼭 씹는 동안, 입 안의 음식물이 체온과 가까운 온도로 맞춰진다. 이처럼 온도가 높여진 음식물은 위의 부담을 덜어준다.

● **소화에 도움**
우리 인간의 몸에는 조류의 모래주머니와 같은 씹는 작용을 하는 기관이 없다. 따라서 잘 씹어서 먹어야만 소화하기 쉬운 상태가 된다. 알맞게 딱딱한 음식을 먹으면서 이 양쪽을 모두 사용해 30회 이상 씹도록 하는 것이 좋다.

● **뇌 활성화**
물렁물렁한 음식이 아닌 딱딱한 음식을 여러 번 씹으면 뇌를 자극하게 된다. 뇌가 자극되면 뇌의 신경세포가 활성화 되어 두뇌 회전이 빨라진다.

● **원활한 혈액순환**
씹는 활동은 뇌를 자극해서 혈액순환을 원활하게 해준다. 운동을 하면 혈액순환이 좋아지듯 이를 씹는 활동도 뇌의 혈액순환을 돕는다. 혈액순환이 잘 되어야만 건강하다.

● **충치 예방**
여러 번 꼭꼭 씹으면 침 분비가 많아진다. 침 속의 칼슘과 불소 성분이 이와 입속을 깨끗하게 해주어서 아이 때 생기기 쉬운 충치를 예방해 준다.

● **암 예방**
침 속에는 라이소자임, 락토페린 등 항균작용을 하는 성분이 있다. 여러 번 씹어 먹으면 침이 많아지므로 자연스럽게 암을 예방하는 효과가 있다.

이밖에, 여러 번 씹으면 구강 구조가 발달해서, 언어가 발달하는 중요한 시기에, 언어 발음에 도움을 준다.

이와 같이 아이들에게 적당하게 딱딱한 음식을 먹게 하는 것은 위의 부담을 덜어주고, 소화를 도우며, 뇌 활성화, 혈액순환, 충치 예방, 암 예방, 언어 발달에 도움이 된다.

생후 4~6개월경에 아이가 이유식을 할 때 빨리 먹도록 하기 위해, 혹은 먹기 편하도록 하기 위해 일부러 음식을 갈아서 먹이거나, 밥을 국에 말아서 먹이기도 하는데 조금은 거친 음식을 꼭꼭 씹어 먹도록 해야 한다.

"아이에게 잡곡밥을 주었더니 뱉어버리더군요. 그래서 꼭꼭 씹어서 먹도록 가르쳤더니, 습관이 되어서 6학년인 된 지금도 음식을 꼭꼭 씹어 먹고 있어요."

이 사례처럼 아이 때부터 꼭꼭 씹어 먹게 하는 식사 지도가 아이의 건강을 책임진다.

생각의 문을 여는
언어발달

"14개월 된 아이가 스마트폰 게임만 하려고 해서, 이왕이면 비디오 영상을 보여주면서 언어자극을 주려고 합니다. 언어 발달에 도움이 될까요?"

한 엄마가 아이 상담을 요청해 왔다. 이런 고민이 있는 부모에게 들려주고 싶은 이야기가 있다. 미국에 짐 형제가 있었다. 안타깝게도 형제의 부모는 언어장애가 있었다. 자녀에게 언어적 자극을 주고 싶어도 줄 수가 없어서 하는 수 없이 텔레비전을 많이 보여주었다. 초등학교에 들어갈 무렵 짐 형제의 언어 능력을 검사했더니, 다른 아이들의 3분의 1 수준 정도에 불과했다. 텔레비전은 기계음으로, 일방적인 소통이기 때문이었다. 당연히 언어발달에 큰 도움이 되지 못한다. 스마트폰도 마찬가지다.

기계가 할 수 없는 일

언어학자 촘스키에 따르면, 인간은 선천적으로 언어를 배울 수 있는 능력이 있다. 언어 획득 장치에 의해 언어를 배운다고 한다.

우선 들어야 말을 할 수 있는데, 대뇌 피질 중 청각을 담당하는 영역은 태어나기 2개월 전부터 출생 후 약 17개월 정도까지 가장 민감하다. 부모는 갓 태어난 아기가 뭘 알까 싶지만 그 시기에 듣는 기능이 가장 민감하다는 사실을 알아야 한다.

1990년대 중·후반, 우리나라에 '아이 봐주는 비디오'가 있었다. 그러나 이것은 아이들의 발달에는 크게 도움이 되지 못했다. 듣는 기능이 가장 예민한 이 시기에는 사람의 목소리를 직접 들을 수 있는 기회를 제공해 주어야 한다.

언어학자들에 의하면 아이는 사람의 목소리에 가장 민감하다. 그러므로 비디오나 CD를 틀어주기보다는 직접 동화를 읽어주거나 말을 걸어주어야 한다. 사람의 목소리 중에서 아이들이 가장 잘 받아들이는 목소리는 높은 톤의 여성 목소리라고 한다. 즉 엄마의 목소리라고 할 수 있다.

언어자극의 기본은 반응적인 상호작용

말을 걸어줄 때는, 일방적으로 하기보다 영유

아의 관심과 흥미에 그때그때 반응하면서 상호작용해 주어야 한다. 연구에 의하면 성인이 일방적으로 말을 할 때보다, 아이의 관심과 흥미에 따라 반응해주었을 때 언어습득 효과가 세 배 더 많다고 한다. 뇌는 자신이 관심을 가지고, 흥미를 느끼는 것을 더 의미 있게 받아들이고, 더 빨리 자기 것으로 만들기 때문이다.

미국 소아과학회에서는, 갓 태어난 아이에게도 책 읽어줄 것을 권장한다. 3세까지는 아이의 뇌 발달에서 중요한 시기로, 이때 아이에게 책을 읽어주면 어휘 능력뿐 아니라 대화 능력까지 좋아진다고 한다.

실제로 아이가 한 단어를 제대로 발음하는 것은 200번 이상 들어야 가능하다. 또 학회에서는 스마트폰 등 기계류는 언어자극에 바람직하지 않다는 입장을 내놨다. 오히려 책 읽어주기 효과를 떨어뜨린다는 것이다.

한편, 언어발달에 중요한 시기의 아이에게 다양한 어휘를 들려주어야 한다.

> "인간은 언어로 존재합니다. 내가 어떤 사람인지 알려면 자신이 쓰는 언어를 보면 됩니다. 배고파, 밥 먹어 같은 일상어 말고 하루에 어떤 사유어와 관념어를 쓰는지 돌아볼 필요가 있지요."
> - 문정희 시인, 내일신문, 2012. 11. 28.

이와 같이 그 사람이 쓰는 언어가 곧 그 사람 자체를 의미한다.

조정래 작가의 《황홀한 글감옥》을 보면 조 선생과 부인 김초혜 시인은 손주가 질문을 할 때마다 사전을 펼쳤다고 한다. 그들이 손주의 물음이 어려워서 대답을 못해줄 리는 없다. 그럼에도 불구하고 사전을 펼쳐 대답해 주었던 것은 사전에는 보다 다양한 어휘들이 나와 있기 때문이다. 그렇게 했더니 손주의 어휘 능력이 뛰어나다는 것이다. 각 가정에 자녀들과 함께 볼 수 있는 사전을 구비해 놓고 자녀가 질문을 할 때마다 사전을 펼치며 상호작용을 해주면 어떨까?

청력검사는 필수

2010년부터 덴마크, 싱가포르, 인도, 일본, 한국 5개국 연구자들이 모여서 장애통합교육을 주제로 3년간 연구활동을 했다. 2013년, 도쿄에서 연구를 마무리하는 세미나가 있었는데, 싱가포르 연구자의 발표가 참 인상적이었다.

싱가포르에서는 신생아의 청력검사가 의무라고 했다. 이는 뇌과학적 근거가 있는 복지제도라고 생각한다.

태어날 때 청력에 문제가 있어 듣지 못하면 말을 못하게 된다. 그런데 신생아 청력검사에서 이상이 발견되어 청각을 살릴 수 있는 수술을 해주면 이 시기는 아직 신경 등이 굳어지지 않아서 원래 기능의 발달이 가능한 상태로 돌아가기가 쉽다.

장애아 부모와 장애아를 인터뷰해서 나온 《특별한 너라서 고마워》라는 책이 있다. 이 책에 실린 청각 장애를 둔 엄마의 이야기이다. 아이는 출산일보다 3개월 전에 태어났다. 처음 1년 동안 소리에 반응이 없더란다. 그래도 괜찮겠지 하고 1년을 보내고 나서야 전문기관에 갔더니 청각장애라는 진단을 받았다. 수술을 했지만 보조기계를 착용해야만 하는 상황이 되었다.

이 사례를 통해 알 수 있듯이 언어발달을 위해서는 태어난 직후, 청력검사가 매우 중요하다. 현재 우리나라 일부 지자체에서는 저소득층 가정에 무료 쿠폰을 발급하여 청력검사를 받게 하지만, 의무가 아니라서 검사율이 높지 않은 실정이다. 시기를 놓치지 않고 검사받을 수 있도록 해야 한다.

한 어린이집 교사가 전해 준 이야기다. 다른 어린이집으로 이직하게 되었는데 예전 어린이집에 다니던 아이가 옮겨왔다고 한다. 처음엔 선생님 얼굴을 못 알아보더니 목소리를 듣자 금방 알아채며 반가워하더란다. 이처럼 영유아기에는 청각이 특히 예민하다. 이때 청각적 자극은 아주 효과적이다.

"우리 아이가 14개월이에요. 엄마, 아빠는 정확히 발음할 줄 알아요. 그런데 아직 다른 말은 어른이 하는 말을 따라하는 수준이에요."

딸아이를 둔 아빠의 얘기다. 아이는 엄마, 아빠라는 말을 가장 많이 들었기 때문에 발음할 수 있다. 다른 말들도 지금처럼 따라하다

보면 언젠가 발음을 잘 할 수 있다. 이와 같이 언어발달은 반복이 중요하다.

놓치지 않아야 할
언어발달 민감기

언어 발달의 민감기에 대한 한 가지 사례를 살펴보자.

> "출생 후 아이가 잠을 거의 자지 않고 계속 울었어요. 그래서 거의 종일 안아주거나 업고 달래주었어요. 아이가 생후 5~6개월 되던 때부터 같은 노래를 계속 불러 주었어요. 그랬더니 가르치지도 않았는데 20~22개월 때부터 아이가 그 노래를 부르더군요. 작은아이는 일부러 5~6개월 때부터 잠 잘 때마다 노래를 불러주었어요. 그랬더니 역시 말을 하기 시작할 때쯤인 20~22개월부터 노래를 불렀어요."

이 사례를 통해 알 수 있듯이, 영유아기는 언어발달에 매우 중요한 시기이다. 미국의 교육학자 블룸이 '언어는 본래 기본적으로 사회적 속성을 지녀 타인에 의해서 학습된다'라고 언급하고 있듯이 언어는 사회적 속성이 있으므로 사람과의 상호작용을 통해 배운다. 아이가 생후 6주가 되어 옹알이를 하면 사람의 목소리로 상호작용을 해주고, 3개월 전후에 울음으로 자신을 표현할 때도 뭘 원하는지 알아차리고 반응해 주어야 한다.

여기서 언어적 상호작용은 반응적이어야 한다. 즉 부모가 먼저 아이에게 다가서기보다 아이의 관심과 흥미를 파악하고 그에 따라 상호작용이 일어나야 한다. 또 앞에 나온 조정래 작가와 김초혜 시인처럼 다양한 어휘를 사용해 주어야 한다.

배변 습관,
자기조절의 밑거름

"배변은 생후 22개월부터 자연스럽게 아빠 행동을 보고 가리더군요. 또 하루는 화장실에서 물 내리는 소리가 나서 가보았더니, 아이가 아이용 변기통을 비우고 물을 내리고 있더라구요. 23개월인데 제가 하는 것을 보고 따라 하더군요."

박사과정 학생 중 23개월 된 아들을 둔 엄마가 있다. 아이 기저귀를 어떻게 떼게 했는지 물었더니 이와 같이 대답했다. 이렇게 아이는 모방을 통해서 자연스럽게 배변 습관을 들이도록 하는 것이 좋다.

"29개월 된 아이인데 소변 습관 들이기 이틀째에 기저귀를 떼고 팬티를 입기 시작했어요."

이와 같이 배변 습관은 대체로 2세 전후에 이루어지지만, 시기가 정해져 있는 것이 아니다. 문화에 따라 그 시기와 방법은 다양하다. 배변 훈련은 아이가 화장실, 혹은 배변기구에서 배설을 행하는 습관을 형성하도록 하는 교육이다. 이는 '자기조절 능력을 키워 나가는' 과정이기도 하다.

　성공적인 배변 습관은 아이의 성취감 발달과 자기 만족감으로 이어지고, 성인이 되어 건강한 정서와 행동발달에 도움이 된다. 다시 말해 배변 습관을 어떻게 들이느냐에 따라 아이의 정서적, 심리적 건강이 좌우될 수 있다는 애기다.

배변 습관과
아이 발달

신체적으로, 배변 습관은 아이가 생후 15개월에서 24개월 사이에 항문주위의 괄약근이 발달해서 항문을 죄었다 풀었다 하는 힘이 생겨야 가능하다. 또 방광의 괄약근육도 발달해서 소변 간격이 2시간 정도 벌어져야 하며, 대근육이 발달해서 엉덩이로 변기에 앉을 수 있어야 한다. 더 중요한 것은 심리적인 자세이다.

 부모가 아이의 습관 들이기 과정을 참고 견디면, 아이가 스스로 자율성을 갖는 데 도움을 줄 수 있지만, 서두르거나 비판적인 태도를 보이면 아이의 자아존중감이 손상되고 도리어 불필요한 수치심을 갖게 된다. 부모가 배변 습관을 함께 노력하고 수용해줄 때, 아이도 비로소 즐거움 속에서 각 훈련 단계를 성취하며 자신감을 느낄 수 있다.

 앞에서 이야기했듯이 프로이트는 성적 에너지를 리비도라 칭하고 리비도가 신체의 어느 부위에 집중되는가에 따라 입에 집중되는 구강기, 항문에 집중되는 항문기, 성기에 집중되는 남근기, 신체에 나타나지 않고 숨어 있는 잠복기, 생식기에 집중되는 생식기로 인간의 발달단계를 구분했다.

 이 중에서 배변 습관과 관련 있는 시기는 항문기이다. 약 1세에서 3세 사이로 배변을 보유하고 방출하는 것을 통해 만족을 하고자 한다. 배변 습관 들이기 연습이 잘 안되면 나중에 정리정돈을 잘 못한다거나, 배변 훈련이 너무 엄격하면 인색하고 공격적인 성격의 소유자가 될 수 있다. 부모가 지나친 청결을 강요한다면 결벽증적인 성격을 가질 수도 있다. 특히 신체적으로 충분히 성숙하지 않았을 때 무리한 배변 훈련이 강요된다면 이러한 현상은 더욱 더 뚜렷해진다.

아이는 배설물을 즉각적으로 배설하지 않고 얼마 동안 보유함으로써 오는 쾌감과, 배설하고 난 뒤 근육의 이완으로 오는 쾌감을 함께 맛본다. 이 경험은 자녀로 하여금 가치 있는 물건을 보유하는 데서 오는 만족감을 배우게 한다.

배변 습관을 적절히 들이지 못한다면 자녀는 무엇이든 보유하려고만 드는 자린고비의 인색함을 보일 수 있다. 적절한 배변 습관은 생산적이고 창의적인 성격의 성인을 만드는 데 중요한 바탕이 된다.

아이 스스로 깨닫는
과정이어야

무엇보다 아이의 입장에서 배변 습관 들이기에 의미를 부여할 수 있어야 한다. 프로이트는 배변이란 아이가 자기 자신에게 주는 최초의 선물이라고 했다. 배변은 자신의 몸에 있는 것을 밖에 배출하는 활동이다. 이는 스스로 익혀야 하는데, 누군가 옆에서 강압적으로 시키면 분노하게 된다. 어린 시절에는 힘이 없어서 분노가 아이 스스로에게 향하지만, 청소년기나 성인기에는 외부로 공격성을 드러내고 심할 경우, 반사회적 성격이 나타날 수도 있다.

배변 습관이 반사회적 행동과 관련된 사례도 있다. 일본의 어느 도시에서, 중학교 남학생이 초등학생 3명을 연쇄적으로 살인, 상해한 끔찍한 사건이 발생했다. 일본 정부에서는 발달심리학자, 임상학자, 정신분석학자, 뇌 과학자, 범죄심리학자 등 각 분야의 권위자들을 모아 국가 차원에서 연구팀을 구성했다. 범행을 저지른 아이의 기질, 가정환경, 친구관계, 유치원에서의 생활, 부모의 양육태도 등 다방면에 걸친 조사가 이루어졌다. 그 결과, 아이의 범행이 배변 습관과 관련이 있음을 밝혀냈다. 배변 습관을 들일 때 엄마가 무리하게 강압적으로 했다고 한다. 자기 몸에 있는 것을 스스로 자연스럽게 배출해야 하는데 강요당하면서 분노가 쌓이고 성장 후 이렇게 반사회적 공격성을 드러낸 것이다. 이처럼 배변 습관을 들일 때 억지로 해서는 안 되며 아이가 '쉬', '응가' 하며 기저귀를 떼고 싶어할 때까지 기다려주고 자연스럽게 배변 활동이 가능하도록 도와야 한다.

또 아이가 어린이집에 다닌다면 담임선생에게 부탁해서 또래 아이들이 하는 것을 자연스럽게 관찰하고 모방할 수 있도록 하는 방법도 좋다. 1세 반 담임을 맡고 있는 보육교사가 전해준 재미있는 모방 사례가 있다.

어린이집에서는 오전 간식과 점심 식사 전에 화장실에 가서 손을 씻게 했다. 아이들은 또래 친구와 함께 화장실에 갔다. 그때 누군가 소변을 보면, 다른 아이들은 그것을 유심히 관찰해서 모방하게 되었다. 이와 같이 아이들은 또래 친구의 행동을 보고 그대로 따라 하므로 배변 훈련이 잘 된 또래가 하는 것을 보고 배우게 하는 방법도 있다.

또 아이들이 변기와 친해지도록 그곳에서 좋아하는 그림책을 보게 하거나, 배변을 잘하면 즉시 칭찬해줌으로써 자연스럽게 배변 습관을 들이도록 하자. 아이들 옷도 되도록 혼자 입고 벗기에 편한 것으로 골라주면 좋다. 특히 바지는 벗기는 쉽지만 다시 입기는 어려우므로, 바지 올리는 모습을 보여주면서 혼자서도 입을 수 있도록 하자.

균형 잡힌
성정체성이
유능한 아이를 만든다

"한 사람 속에 남성성과 여성성이 모순되지 않고 공존할 수 있으며 그 균형의 정도는 다양하다."

미국의 심리학자 샌드라 벰은 1970년대에 심리적 양성성이란 개념을 제안했다. 남성과 여성으로 이분화된 전통적인 성역할에 대한 대안이었다. 스위스의 유명한 정신분석학자 칼 융도 사람은 누구나 잠재적인 남성성과 여성성을 모두 지닌 양성적인 존재라고 보았다.

균형 잡힌
건강함

양성성이란 심리적인 측면에서, 남성적인 면과 여성적인 면을 같이 갖는 것이다. 이는 아이들에게 성역할이나 성정체성 교육을 할 때 지나치게 한 쪽을 강요하지 않는 것이 바람직하다는 전제를 내포한다.

성역할을 배우는 데는 타고난 성보다 부모나 교사, 주변사람, 매스컴 등의 영향이 크다. 특히 부모의 영향은 절대적이므로 부모의 태도가 중요하다. 특정 성(性)에 대한 고정관념이 생길 수 있는 교육은 바람직하지 않다. 이것은 오히려 아이의 사회적 활동 범위를 좁힐 수 있기 때문이다. 성은 중요한 심리 요인 중 하나이다. 성 문제에는 다양한 요소와 개념들이 포함되어 있음을 인식하고 적절한 성역할 교육을 해야 한다.

아이들은 언제부터 자신이 남자이고 여자인지를 알게 될까? 개인차는 있겠지만 2세 정도가 되면 성별을 파악한다고 한다. 생식기 명칭의 진짜 의미를 안다기보다는 옷이나 머리 모양 같은 외부 단서로 자신이 남자인지 여자인지를 구분한다. 이때가 생물학적으로 구별되는 남자와 여자에 대한 성정체감이 형성되는 시기이다. 이 무렵, 생물학적 성에 대한 불편함이나 부적절함을 느껴 자신이 타고난 성별을 거부할 수도 있다. 이를 성정체감 혼란이라 한다.

그러나 6세 정도 되면 성은 변하지 않는다는, 성 불변성을 깨닫는다. 즉 자신이 남자, 여자로서 이제 변하지 않는다는 사실을 알게 된다. 프로이트는 이때 아이가 자신과 같은 성별의 부모를 자기와 동일시하면서 성역할을 배우기 시작한다고 본다. 아들은 아버지를 통해 사회에서 기대하는 남자로서의 역할을 배우고, 딸은 엄마를 통해 사회에서 기대하는 여자로서의 역할을 배운다. 즉 아이는 사회와 문화를 받아들이면서 남자다움과 여자다움이라는 성역할을 배운다.

다음은 5세 아들아이에 대한 어느 아빠의 바람이다.

"남자는 남자답게 커야 된다고 생각해서 못 울게 해요."

아빠는 남자아이에게 강인함을 요구하고 있다. 이런 성정체성은 사회적 환경의 영향이 크다. 하지만, 사회적으로 유능한 사람들이 어렸을 때 어떤 성역할과 성정체성 교육을 받았는지 연구한 결과를 보면 남자는 이래야 한다, 여자는 저래야 한다는 식의 교육이 아닌, 한 인간으로 어떻게 살아야 하는지에 비중을 두고 교육 받은 경우가 더 많았다.

지나친 고정관념과 편견에 사로잡힌 성역할과 성정체성 교육이 아닌, 현대 사회에 맞는 적절할 성역할 교육을 일상생활 속에서 자연스럽게 해야 할 것이다.

생리적 안정과
심리적 안정

"아이가 엄마의 팔에 더 안겨 있을수록 아이는 나중에 더 잘 적응하게 된다. 아이가 원할 때마다 수유해라. 아이가 울면 즉각 반응하라. 아이와 함께 자라."

우리나라 애착 발달 연구의 권위자인 이경숙 교수를 모시고 연구원 세미나를 개최한 적이 있다. 그때 이 교수는 윌리엄 시어스가 언급한 '자주 안아주기, 즉각적인 수유, 울음에 즉각적인 반응, 함께 자기' 등을 인용하며 생리적 안정을 강조했다. 애착은 결국 마음이 편해야 잘 형성된다. 생리적 안정은 결국 아이 발달의 핵심이라고 할 수 있는 애착 발달의 바탕이다.

편안함은 기본적 욕구 충족에서

미국의 심리학자 애이브러햄 매슬로는 인간의 욕구를 단계적으로 제시했다. 이를 '욕구위계설'이라고 한다. 가장 아래에 있는 욕구가 생리적 욕구이다. 바로 먹고 자고 쉬는 등의 욕구이다. 이러한 1차적인 욕구가 충족되어야 안정과 안전을 추구한다고 본다. 그 다음 단계로 사랑과 소속의 욕구, 자기존중과 인정의 욕구, 자아실현 욕구가 있다.

인간은 누구나 자아를 실현하고자 한다. 즉 자신의 참모습을 파악하며 하고 싶은 일을 하면서 살아가고 싶어 한다. 그러기 위해서는 먼저 가장 하위 단계에 있는 생리적 욕구부터 충족되어야 한다. 하위에 있을수록 강력한 욕구이기 때문이다.

생리적인 욕구가 충족되지 않은 아이는 심리적 안정을 가질 수 없고, 불안해하기 쉽다. 약 70여 년간 아동복지시설을 운영하고 있는 한 원장의 이야기이다.

"대학 4학년 때 한국 전쟁이 나 부산으로 피난을 갔다가 전쟁고아들이 먹을 것을 찾아 길거리를 돌아다니는 것을 보았어요. '어떻게 찾은 나라(원장은 일제 식민지배 때 독립운동을 하기도 함)인데, 저 아이들이 제대로 먹고 공부를 해야 하는데'라는 생각이 들면서 눈물이 났어요."
"나부터 시작하자고 결심했습니다."

그 원장은 지금까지 시설을 운영해 오면서 풀리지 않는 의문점 두 가지가 있다고 한다. 하나는 아주 어린 전쟁고아들을 돌볼 때 생긴 일이다.

"한국 전쟁이 끝난 직후 전쟁고아들을 돌볼 때에요. 어린아이들은 포대기에 싸인 채 있었어요. 아이들은 많은데 한 명 한 명 돌봐줄 사람이 없었어요. 손이 모자라 아이들 입에 젖병을 일일이 물려줄 수 없었죠. 병을 아이들 옆에 그냥 던져 주듯 놓았죠. 그런데 포대기에 싸인 그 아이들이 젖병을 입에 대고 빨고 있었어요. 그 아이들이 어떻게 병을 입에 가져갈 수 있었는지 지금도 의문이 풀리지 않아요."

또 하나는 다섯 살 정도 되는 아이들과 한 방에서 지냈을 때의 일이다.

"다섯 살 전후의 아이 열세 명을 돌보고 있을 때에요. 음식을 낮은 곳에 놔두면 아이들이 다 먹어버리기 때문에 그들의 손이 닿지 않는 선반에 올려놨어요. 한 방에서 같이 잠을 자는데 한밤중에 기척이 나서 일어나 보니, 한 아이 손에 밥이 들려져 있었어요. 아이 손이 도저히 닿을 수 없는 곳에 놓아둔 것인데 어떻게 아이가 그 밥을 손에 넣게 되었는지 지금도 모르겠어요."

먹는다는 것이 얼마나 강력한 욕구인지 단적으로 보여주는 사례이다. 포대기에 싸인 아이들이 옆에 놓인 우유병을 갖다 빨았던 것은 자기 발달을 위한 행동이다.

다섯 살 전후의 아이가 밥을 손에 쥐게 된 것은 심리적 허기를 채우고자 했던 행동이 아닐까 싶다. 아동복지시설에서 사랑을 받는다 해도 부모에게 받는 사랑을 대신하기는 쉽지 않았을 것이다.

애착 형성은
몸과 마음으로

앞에서 언급했듯이 최근에는 애착 형성의 중요성을 인식하여 아이가 원할 때 바로 수유해주기를 권장하고 있다. 이전에는 일정한 시간 간격을 두고 먹이라고 했지만, 여러 연구 결과 아이가 원할 때마다 주는 것이 아이 발달에 더 바람직하다는 사실을 알았기 때문이다.

아이가 기분이 나쁘면 스트레스를 받아 부정적인 호르몬이 분비되어 뇌에 이상을 가져올 수 있다. 즉 두뇌 발달, 정서 발달, 사회성 발달, 신체 발달 등 여러 발달에 문제를 일으킬 수 있다.

아이는 생리적으로 안정되어야 심리적으로 안정될 수 있다. 먹고, 자고, 쉬기 등을 적절하게 해줘서 안정을 갖도록 하고, 기저귀도 제때 갈아주어서 불편함을 느끼지 않도록 해주어야 한다. 기본적 욕구가 충족되지 않으면 에너지를 거기에 쏟고 불안을 느껴 주변 환경과 상호작용하여 배울 수 있는 기회를 갖지 못한다. 생리적 안정을 통해 심리적 안정을 가질 수 있도록 해야 한다.

개념 형성,
오감으로 세상을
알아간다

"이제 22개월 되는 남자아이입니다. 요즘 들어 궁금한 것이 많은지 '이게 뭐야' 하면서 쉬지 않고 물어요."

왕성한 호기심

아이들은 호기심이 많다. 늘 궁금해하면서 묻고 또 묻는다. 아이들은 이런 탐색 과정을 통해서 세상을 알아간다. 어른들이 사물을 이해할 수 있는 이유도 이러한 탐색 과정을 거쳐서 이미 머릿속에 개념이 형성되어 있기 때문이다. 따라서 아이로 하여금 개념 형성을 잘 할 수 있도록 해주어야 한다. 공부하는 것도 결국 개념 형성으로 이해력이 바탕이 되어야 한다.

밤에 걷기 운동을 하다가 부모와 함께 나온 24개월 된 아이를 만났다. 아이는 제법 잘 걷고 달리기도 능숙하게 잘했다. 아이는 학교 건물 유리창을 보고 '유리'라고 말했다. 주변이 컴컴해서인지 갑자기 '어흥' 하는 소리도 냈다. 부모가 달리면서 '하나, 둘' 하자, 아이도 정확하지 않지만 '핫 둘' 하고 발음했다. 부모가 '셋 넷'이라고 하자, 아이도 '셋 넷' 한다. 그러면서 아이는 보이는 것마다 일일이 가리키며 '이게 뭐야?', '왜요?' 하고 계속 질문했다.

  무엇이든 알고 싶은 호기심이 왕성함을 알 수 있다. 이때 주변에서는 다양한 어휘로 민감하게 그리고 일관성 있게 상호작용 해주는 일이 중요하다. 다만, 아이가 세상을 이해하는 개념을 형성하도록 하기 위해서는 부모가 아이에게 바로 답을 제시해 주면 곤란하다. 아이가 스스로 환경을 탐색하도록 하고, 비싼 장난감이 아니라 주변에 있는 일상적인 사물을 제 손으로 만져보고, 눈으로 보고, 코로 냄새를 맡고, 귀로 듣고, 혀로 맛을 보는 등 오감을 통한 활동으로 개념을 형성하도록 해야 한다.

  아이의 사고(思考)가 어떻게 발달하는지 연구한 스위스의 학자 피아제는 원래 생물학자였다. 그는 루소교육연구소에서 근무하다 동료 연구원과 결혼했다. 부부가 모두 아이 교육에 관심이 많았을 것이다. 피아제는 자기 아이들 세 명을 대상으로, 과학자의 예리한 눈을 가지고서 아이들의 사고 발달 과정을 연구했다.

  그는 아이의 사고 발달은 타고난 능력과 아이를 둘러싼 외부 환경과의 상호작용을 통해서 이뤄진다고 했다. 외부 환경은 다시 물리적, 공간적 환경과 인적(人的) 환경으로 나뉜다.

생생한 오감이
개념을 만든다

피아제의 사고 발달을 좀 더 살펴보자. 5세 아이가 내가 둥굴레차를 타놓은 것을 보자 '꿀물이네.' 하고 말했다. 아이는 꿀물을 마셔본 적이 있는 것이다. 이때 내가 그냥 아무 말도 하지 않는다면 아이는 둥굴레차를 꿀물로 생각할 것이다. 피아제는 이것을 '동화'라고 하였다. 기존에 형성된 개념에 새로운 개념을 넣는 것이다.

하지만 아이에게 '꿀물처럼 생겼지만, 이것은 둥굴레차라는 거야'라고 말해 준다면, 아이는 '둥굴레차'에 대해서 새롭게 알게 된다. 이것을 '조절'이라고 한다. 사고 발달은 이렇게 주변 환경과의 상호작용을 통해 동화와 조절의 적절한 평형을 유지하면서 발달한다.

피아제는 태어나서 두 살까지를 '감각운동기'라 했다. 즉 어떠한 사물을 이해할 때, 감각운동적으로 이해한다는 뜻이다. 예를 들면 사과를 잘 모르는 아이는 엄마가 '사과는 참 맛있단다.' 하고 알려주어도 아직 사과가 어떤 이미지인지 잘 떠올리지 못한다. 그러므로 직접 사과를 보여주면서 눈으로 사과의 모양과 색을 설명해 주면 이 시기의 아이들은 개념이 생긴다. '사과는 둥글단다. 사과는 빨갛단다. 사과는 초록색이란다.' 하고 말해주거나 코로 사과의 냄새를 맡게 하고, 입으로 사과의 맛을 느끼게 하고, 손으로 사과를 만져보면서 '사과는 매끈매끈하네.' 등 감각적으로 표현해 주면 사과에 대한 개념을 머릿속에 집어넣는다. 또 사과를 굴려보면서 '이렇게 둥근 것은 굴러간단다'라고 하면 둥근 것은 굴러갈 수 있다는 사실도 이해할 수 있다. 이와 같이 감각운동기는 아이가 눈, 코, 입, 귀, 손의 오감을 통해 신체적으로 사물을 이해하는 시기이다.

그러므로 어떤 사물에 대한 설명만으로 그것을 이해하기 어렵다. 가져올 수 있는 물건은 가져와서 직접 눈으로 보게 하고, 코로 냄새를 맡게 하고, 혀로 맛을 느끼게 하고, 귀로 듣게 하고, 손으로 만져보고, 굴려보게 해야 한다. 가져올 수 없는 것은 옆에 가서 직접 경험하게 한다.

특히 이 시기는 입이 눈과 같은 기능을 하는 시기다. 그래서 뭐든지 입으로 가져가기 일쑤다. 부모들은 '지지' 하며 못 가져가게 하지만 이는 아이의 개념 발달을 막는 것이나 다름없다. 따라서 입으로 가져가도 괜찮은 환경을 마련해주어야 한다. 이를테면, 그림책 몇 권 정도는 헝겊으로 만들어 놓는 식이다. 실제로 이렇게 만들어 놓는 어린이집도 있다.

아이들의
자기중심성

피아제는 두 살에서 취학 전까지를 '전조작기'라고 구분했다. 이때는 아직 논리적으로 사물을 이해하지 못한다.

자기중심적인 사고를 하는 시기이기 때문이다. 여기서 '자기중심적'은 이기적인 것이 아니라, 아직 다른 사람의 관점을 이해하지 못한다는 측면을 말한다.

예를 들면 아이가 숨바꼭질 놀이를 할 때 투명한 곳에 들어 앉아 '나 찾아 봐라'라고 하는 경우이다. 아이는 자신이 잘 숨었다고 생각한다. 또는 엄마 생일에 엄마가 좋아하는 것이 아니라, 자신이 좋아하는 것을 엄마에게 선물한다. 로봇을 좋아하는 아이가 엄마 생일날 로봇을 선물하는 식이다. 단, 상징적인 사고는 가능하므로 이 시기 아이는 엄마놀이, 병원놀이, 시장놀이 등을 하면서 논다. 이와 같은 '감각운동기', '전조작기' 사고의 특성을 이해하고 체험과 상호작용으로 아이의 개념 형성을 도와 세상을 이해하도록 해야 한다.

아이는 오감 과학자

부모라면 누구나 한 번쯤 '내 아이가 혹시 천재는 아닐까?' 하는 생각을 한다. 그도 그럴 것이 가르쳐주지 않았는데도 아이 스스로 어떠한 원리와 개념을 알아가기 때문이다. 이는 인간이 태어나면서부터 지닌 기본적인 인지구조 덕분이다.

EBS에서 방영한 〈아기성장보고서〉, 제 2편 '아기는 과학자로 태어난다'는 아이의 선천적인 사고 능력을 과학적인 실험을 통해 밝혀낸다. 예를 들면, 생후 3개월 된 아이가 숫자 개념을 알고, 생후 4개월 된 아이가 중력의 원리를 안다. 이윽고 4세가 되면 아이는 어느새 다른 사람의 마음을 읽는다.

영아 발달의 세계적 권위자로 알려진 소아과 의사이자 하버드대 교수였던 브레질톤 교수는, 아이 교육에서 가장 중요한 것은 아이들 스스로 달성했다는 내부적 피드백을 갖게 해주는 일이라고 강조했다. '내부적 피드백'이란 누군가가 대신 해준 것이 아니라 스스로 무언가를 해냈을 때 아이들이 갖는 '자기만족감'을 말한다.

아이가 세상을 이해하도록 돕기 위해서는 먼저 스스로 해보고 싶다는 마음이 생길 수 있는 환경을 갖춰주어야 한다. 억지로 낱말카드를 보여준다거나 음악을 틀어준다거나 하는 등의 환경이 아니라, 아이 스스로 손으로 만지고, 눈으로 보고, 코로 냄새를 맡고, 귀로 듣고, 혀로 맛을 느낄 수 있는 환경이어야 한다. 특별한 장난감을 준비할 필요도 없다. 평소에 집에서 사용하는 일상적인 생활용품이면 충분하다.

아이가 호기심을 일으킬 수 있는 환경을 구성하고, 오감으로 스스로 느끼도록 기회를 주자. 진정성 있는 칭찬을 통해 내 아이가 지닌 무한한 가능성을 키워주면 어떨까.

발달의 핵심,
애착 형성

"엄마와 나누는 애착의 감정이 아이를 정신적으로 탄생시키는 영양소이자 동력이다."

대상관계이론가인 멜라니 클라인은 생애 초기에 만나는 사람과의 관계를 중요시하였다. 놀이치료사들은 애착을 가리켜 '만병통치약', '보약', '우황청심환'이라고도 말할 정도다.

행복의
밑거름

'애착'의 사전적 의미는 몹시 사랑하거나 끌려서 떨어지지 아니함, 또는 그런 마음이다. 심리학적으로 말한다면, '아이가 그 누군가에게 갖는 정서적 유대관계'이다. 애착은 영국 심리학자 존 보울비가 만든 이론이다. 그는 제2차 세계대전 후

고아원을 맡아 운영했다. 그때 영양 공급과 시설은 좋은데도 아이들이 많이 죽었다. 살아남은 아이들조차 다른 사람과 친밀하고 지속적인 관계를 형성하지 못하며 정서장애를 보이는 것을 발견했다. 이를 통해 보울비는 아이와 처음 만난 양육자의 지속적인 관심과 애정이 필요하다는 '애착 이론'을 세우게 되었다.

   누구나 내 아이가 행복하게 자라기를 바란다. 그렇다면 생애초기에 형성되는 애착을 놓쳐서는 안 된다. 애착 형성은 내 아이가 행복하게 살아갈 수 있도록 해주는 최고의 조건이다. 자녀에게 무엇을 물려줄 것인가? 아이의 발달 초기에 애착이 형성되지 않고는 내 아이의 건강한 발달을 보장할 수 없다. 그런데 이 애착은 어린 시기에 가장 잘 형성되고, 이후 삶에 지속적인 영향을 미친다.
   임상상담가 김중술은 대인관계에 문제가 있는 성인들을 상담했다. 그는 내담자가 직장 동료나 상사, 가족 관계 등 대인관계를 왜 힘들어 하는지 상담사례별로 연구했다. 내담자들에게는 공통점이 있었다. 바로 애착이 형성되어야 할 어린 시기에 애착이 형성될 수 없는 환경에 놓였던 사람들이었다.

애착을 가질 수 있도록

아이가 건강하게 발달하고 행복하게 살아가게 하기 위해서는 생후 3개월에서 24개월 정도까지 그 누군가 반드시 애착을 형성해 줄 대상이 있어야 한다. 엄마가 그 역할을 수행을 하는 경우가 많지만, 불가피한 사정이 있는 경우라면 다른 누구라도 그 역할을 대신해 주어야 한다.

> "저는 16개월 남자 아기를 둔 직장 맘이에요. 평일에는 시댁에서 아기를 봐주세요. 금요일에 데리고 오고, 일요일에는 다시 시댁으로 데려다 주고 있어요. 문제는 아이가 저만 보면 떼를 써요. 금요일에 제가 시댁으로 데리러 가면 저에게 안겨 떨어지지 않아요."

이 엄마는 직장에 다니느라 아이와 많은 시간을 보내지 못했다. 그런데 아이는 아직 엄마와 안정애착이 형성되어 있지 않다. 만약 아이가 엄마와 애착이 형성되어 있다면, 엄마가 돌아올 것을 믿고 떨어졌다가 엄마와 반갑게 만날 수 있다. 그런데 엄마가 자기를 정말 사랑해주고 있다는 확신이 없기 때문에 쉽게 떨어지지 못하거나, 엄마를 보고 더 자기를 사랑해 달라고 떼를 쓴다.

> "지금은 아이엄마가 유방암으로 세상을 떠났는데, 엄마가 아직 투병 생활을 하고 있을 때였어요. 어린이집 낮잠 시간인데 아이가 10분 만에 자다 깨다를 반복하더라고요. 그러다가 저에게 와서 안기더군요."

어린이집 교사에게 들은 이야기다. 이이는 엄마의 사랑을 받지 못하고 있다는 사실을 온몸으로 표현하였다. 어린이집 교사에게 들은 또 다른 사례이다.

"3세 된 아이가 할아버지, 할머니와 살고 있는데 늘 표정이 그늘져 있고 힘이 없어요. 5세 된 남자아이는 아빠 없이 엄마하고만 살고 있는데 분노가 많아요."

임상상담가 임종렬 교수는 다음과 같이 애착의 중요성을 역설했다.

"관계를 위해서 사는 인간의 삶 속에 정이 없다면 그 관계는 가난한 관계다. 의미 없는 관계라는 말이다. 그렇기 때문에 정과 가치는 동등한 의미를 갖는다. 정이 없이 사는 사람들의 일상은 외롭고 우울하다. 정신적인 문제 중에서도 가장 심각한 문제를 안고 살고 있기 때문이다. 그것은 바로 외로움과 우울함이라고 할 수 있다."

애착이 중요한 이유

애착이 중요한 이유는 다음과 같다.

첫째, 인간관계의 원형이 되기 때문이다. 인간은 혼자 살아갈 수 없다. 일찍이 아리스토텔레스라는 철학자가 얘기했듯이 인간은 다른 사람과 더불어 살아가는 사회적 존재이다. 그런데 그 인간관계의 원형, 인간관계의 기본 틀을 만들어주는 것이 어린 시기의 애착이다. 즉 양육자가 아이가 원하는 것을 파악해서 요구를 충족시켜 주면 아이는 양육자를 믿는다. 그 믿음을 토대로 다른 사람과 세상을 믿는다. 애착은 신뢰감 형성의 기본이 된다.

둘째, 성인기까지 지속적으로 영향을 미치기 때문이다. 반사회적 행동을 보이는 성인 대부분이 어린 시절 양육자와의 애착에 문제가 있다는 사실이 드러났다. 물론 예외도 있으나 어린 시절에 충분한 사랑을 받지 못하고 양육자와 애착이 형성되지 않을 경우는 이후 성인이 되어 여러 병리적 증상을 드러낸다.

셋째, 아이의 모든 발달에 영향을 미치기 때문이다. 아이의 안정된 애착 형성은 심리적 안정을 주는 정서적 발달 뿐 아니라, 인지발달, 사회적, 신체적 발달 등 모든 발달에 긍정적 영향을 끼친다.

애착 유형

애착 유형에는 안정애착과 불안정애착이 있다. 불안정애착은 다시 회피애착, 저항애착, 혼란애착으로 나눈다. 애착 유형은 아이와 헤어졌다가 다시 만났을 때 아이의 반응을 보면 짐작할 수 있다.

안정애착 : 안정애착은 가장 바람직한 애착 유형으로 양육자가 아이의 요구에 민감하게 일관적으로 반응해 주었을 때 형성된다. 민감하다는 것은 아이가 뭘 원하는지를 알고 그 요구에 적절하게 반응해 준다는 의미이다. 안정애착을 형성한 아이들은 심리적으로 안

정되어 있다. 감정표현도 잘하고 적극적인 편이다.

회피애착 : 회피애착은 양육자가 일관성이 없거나 민감하게 반응하지 못하고 아이의 요구를 무시할 때 나타난다. 또는 양육자가 무섭게 처벌적인 태도를 취할 때 나타난다. 아이가 양육자를 신뢰하지 못한 상태이다. 양육자와 떨어질 때도 별로 반응이 없고 울지 않는다. 양육자를 다시 만나더라도 피하는 반응을 보인다. 이 유형의 아이들은 구석에 가만히 앉아 있거나 말을 잘 하지 않는다. 어른 말을 잘 듣기는 하나 어떤 활동을 하려는 시도를 하지 않는 소극적인 모습을 보인다.

저항애착 : 저항애착은 양육자와 떨어질 때 헤어지기 전부터 불안해한다. 양육자와 절대 떨어지지 않으려 한다. 양육자와 떨어졌다가 다시 만나면 안기기는 하나 안정감을 얻지 못하고 양육자를 밀어내고 분노를 표현한다. 양육자가 일관적이지 않거나 강압적인 행동을 취할 때 나타난다. 이 유형의 아이들은 애교를 부리기도 하지만, 공격성을 드러내거나 무기력한 모습을 보인다.

혼란애착 : 혼란애착은 회피애착과 저항애착이 결합된 유형으로 가장 위험하다. 아이가 매우 불안해한다. 양육자와 분리되더라도 전혀 반응이 없거나, 또는 아주 심한 불안을 나타낸다. 양육자와 다시 만났을 때는 굳은 표정을 보이고 양육자가 안아주어도 전혀 반응을

보이지 않는다. 부모가 다른 일에 신경 쓰느라 아이를 제대로 돌봐주지 못했을 때 나타난다. 이 유형의 아이는 우울로 인한 순간적 분노를 드러내기도 한다.

안정애착 형성은?

내 아이가 나와 헤어져 있다가 다시 만났을 때 내게 안기면서 행복해하는가? 그렇지 않다면 안정애착이 형성되지 않았다는 의미로 받아들이고, 아이가 안정애착을 형성할 수 있도록 노력해야 한다.

안정애착 형성은 아이에게 줄 수 있는 가장 큰 선물이자 유산이다. 그렇다면 어떻게 해야 안정애착을 형성할 수 있을까?

첫째, 아이를 안아주거나 쓰다듬는 등 접촉을 많이 해주어야 한다.
르네 스피츠(Rene Spitz)는 멕시코 휴양지 근처 고아원에서 위생적이지 않고 영양 공급이 제대로 이루어지지 않았음에도 아이들이 행복해하는 모습을 관찰했다. 이웃 마을 여인들이 매일 와서 아이들을 안아주고 이야기와 노래를 들려주었다. 이런 접촉을 통해 아이들은 건강하게 자랐다. 그러나 늘 유모차에 실린 채 피부 접촉 없이 자란 아이들은 점점 약해졌고 접촉 결핍증으로 세포들이 죽어갔다.

아이를 자주 안아주고 쓰다듬어 주는 등 피부 접촉을 해주면 대뇌에 기분 좋은 상태가 전달되어 긍정적인 호르몬을 분비하게 한다. 이는 정서적으로 평안함을 가져다준다.

둘째, 아이의 요구에 즉각적으로 반응해 주어야 한다.
아이의 요구에 즉각적으로 반응해 주어야 아이가 양육자를 신뢰하며 애착이 형성된다. 영아는 아직 양육자에게 요구를 표현하고 나서 기다릴 줄 모른다. 먹을 것을 원하면 바로 수유해 주어야 한다. 그랬을 때 '아, 엄마가 나를 사랑하구나'라는 생각을 갖는다.

셋째, 아이의 요구에 민감하게 반응해야 한다.
민감하게 반응하라는 것은 아이가 울면 배가 고파서 우는지, 기저귀가 젖어서 우는지, 어디가 아파서 우는지를 파악하고 바로 그에 따른 반응을 해주라는 말이다. 요구가 충족되었을 때 아이는 자신이 사랑받고 있다는 느낌을 갖고 애착을 형성한다.

넷째, 정신화 능력을 증진시켜준다.
정신화 능력이란 자신이나 다른 사람의 행동이 어떤 과정, 어떤 의도에서 나온 것인지를 이해하는 활동이다. 정신분석학자이자 임상심리학자인 런던대학의 피터 포나기 교수에 따르면 인간은 펜을 떨어뜨렸을 때 일부러 떨어뜨렸는지, 우연하게 떨어뜨렸는지를 알아채는 능력이 있다. 그는 애착 형성이 잘 된 아이일수록 이런 능력이 더 잘 발달된다는 점을 강조한다. 정신화 능력을 증진시켜주기 위해서는 부모가 아이와 함께 놀아주면서 아이의 감정을 이해하고,

아이가 경험을 반성적으로 생각해보도록 하는 것이 바람직하다.

애착이 없으면
백약이 무효

아이가 행복하게 자라기를 원하는가? 그렇다면 수시로 안아주라. 많이 쓰다듬어주고, 스킨십을 자주 해주라. 아이의 말과 행동에 민감하게 반응하고, 무엇보다 아이의 감정을 잘 읽어주어야 한다.

퇴근해서 집에 와도 할 일이 많고 바쁘겠지만, 아이가 안아달라고 칭얼거린다면 거기에 먼저 집중하라. 부모에게 사랑받고 싶다는 아이의 신호를 놓치지 말아야 한다.

도덕성 발달이
아이의 경쟁력이다

"착하면 손해 보는 것이 아니다. 내 아이의 경쟁력이 높아진다."

서울대 심리학과 곽금주 교수의 말이다. 도덕성하면 어렵게 느끼거나 진부하다는 생각이 들지도 모른다. 도덕성이란 쉽게 말해서 다른 사람에 대한 배려, 생명을 소중히 여기는 마음이다. 부모라면 아이의 도덕성 발달에도 관심이 간다. 도덕성은 청소년으로 성장한 후 발달하는 것이 아니다. 아주 어렸을 때부터 도덕성 연습을 해야 한다. 착하면 손해 보는 것이 아니다. 오히려 아이의 높은 도덕성이 곧 내 아이의 경쟁력이 된다. 그 이유는 다음과 같다.

도덕성은 유능함의
잣대

EBS에서 방영한 〈아이의 사생활〉 도덕성 편에

서, 초등학생을 대상으로 도덕성이 높은 아동과 낮은 아동을 나눴다. 그리고 자아상, 신체상, 리더십, 학업성취도, 미래의 인생관 등 여러 분야와의 상관관계를 연구했다. 그 결과, 도덕성이 높은 아동이 모든 영역과 상관관계가 높다는 사실을 확인할 수 있었다. 예를 들면, 도덕성이 높은 아이는 100% 리더십이 좋았다.

누구나 한번쯤, 다른 사람들은 다 신호를 어기고 가는데 혼자서 신호를 지켜 본 경험이 있을 것이다. 어쩐지 스스로가 뿌듯하지 않았는가? 그때 생기는 뿌듯함이 바로 내면의 힘이다. 내면의 힘은 모든 면에 긍정적인 영향을 준다. 몬테소리교육법에서도 일상생활 영역에 '다른 사람에 대한 배려'라는 항목을 만들어 아이 때부터 다른 사람을 배려할 수 있도록 한다.

많은 부모들이 아이의 인지발달에는 관심을 갖지만, 정말 중요한 양심, 도덕성 발달에는 관심이 적다. 아이 때부터 양심, 도덕성 교육을 해야 한다. 다른 사람의 입장에 서서 생각해보도록 하기 등으로 공감 능력을 키우는 것이 도덕성 발달에서 중요하다.

공감 능력 발달의 중요성

공감 능력 발달을 위해서는 상대의 처지에서 생각해 보게 하는 것이 좋다. 자녀가 누군가를 때렸다면 맞은 아이의 처지에서 생각해보도록 한다. 그 아이가 느꼈을 감정이나 아픔 등을 이야기하며 나누는 과정을 통해 아이는 상대의 입장을 배려하는 사람으로 성장한다. 양심, 도덕성은 일상생활 속에서 몸에 익히도록 해야 한다. 일본 아빠의 목소리를 들어보자.

"다른 사람의 기분을 생각해서 나쁜 행동을 하지 못하게 한다. 협력, 나누기, 선물 등에 대해 자주 이야기한다."

이 아빠는 아이에게 다른 사람의 마음을 잘 읽고 공감하는 연습을 시키는 것이다. 공감 능력은 도덕성 발달의 핵심 역량이다.

공감은 남의 아픔이나 기분을 느낄 줄 아는 감성으로 남의 처지를 이해하고 동일시하여 적절하게 반응하는 능력이다. 다른 사람을 자기와 똑같은 사람으로 볼 줄 모르면, 그 사람이 어떤 경험을 하고 어떤 기분일지 이해할 수 없다.

인간은 공감 능력이 있기 때문에 이기적인 생각에서 벗어나 인간다운 행동을 할 수 있으며 사회적 삶도 영위할 수 있다. 공감 능력은 교육을 통해서 기를 수 있다. 부모는 아이의 공감 능력이 발달하도록 도와야 한다.

도덕성의 기본은
공감 능력

내 아이가 공감 능력을 갖게 하기 위해서는 부모가 먼저 다른 사람의 입장이나 감정에 공감할 줄 알아야 한다. 아이들은 부모의 등 뒤에서 모방하며 배운다. 즉, 부모의 말이 아니라 행동을 자신의 것으로 만든다. 아이에게 기회가 되는 대로 역할놀이나 연극 등의 경험을 통해 공감 능력을 키워주자. 공감 능력이 있으면 원만한 친구 관계를 형성하고, 성인이 되어서도 사회에 잘 적응하여 행복한 삶을 살 수 있다. 또 도덕성 발달을 위해 아이에게 풀이나 나무, 작은 동물 등 살아있는 생명을 접할 수 있는 기회를 자주 주도록 하자.

도덕성을 기르는 데도 훈련과 연습이 필요하다. 연습되지 않으면 도덕적 행동은 나오지 않는다. 일상에서 자연스럽게 배울 수 있게 부모가 먼저 쓰레기 분리수거를 하고, 교통 신호를 지키는 모습을 보이자.

일본에 사는 지인이 후쿠시마 원전 피해 지역에 봉사활동을 다녀왔다. 다음은 봉사활동 주의사항 중 일부다.

- 자신의 생각만으로 해서는 안 되고 상대방의 입장에서 그들을 존중하면서 활동할 것
- 활동지역에서는 전기, 수도는 기본적으로 쓸 수 없음을 염두에 둘 것
- 쓰레기는 각자 가지고 돌아올 것

물론 이 경우는 대규모 지진 피해 지역에 봉사활동을 가는 좀 특수한 상황이기는 하다. 하지만 그만큼 상대를 배려하는 마음을 중

요시하고 있음을 알 수 있다.

양육을 하다보면, 이기심과 경쟁심이 작동할 때가 많다. 그러나 도덕성이 뒷받침하지 못하는 이기심과 경쟁심은 결국은 아이를 망친다. 부모의 욕심이 아이의 도덕심 형성을 막을 수 있다.

도덕성은 경쟁력이다. 아이의 모든 발달에 긍정적인 영향을 미친다.

아이가 보내는
9가지 신호

1. 아이는 1세 전후면 걷는다. 아이에게 돌아다니며 사물을 탐색하게 하자. 충분한 신체활동을 하게 해주고, 손을 사용하는 조작활동을 하게 하자.

2. 아이에게 딱딱한 음식을 30회 이상 씹어 먹도록 하자. 그렇게 하면 위의 부담을 줄여주고, 소화를 돕고, 뇌 활성화, 혈액순환, 충치와 암 예방, 언어발달에 도움이 된다.

3. 영유아기는 언어발달에서 중요한 시기이다. 이때 기계음이 아닌 사람의 목소리로, 일방적이 아닌 반응적인 상호작용을 통해 반복적으로 다양한 어휘로 언어적 자극을 해주어야 한다.

4. 배변 습관은 성격 형성과 관련되므로 강압적으로 하지 말자. 변기와 서서히 친해지게 하기, 모방, 반복 훈련, 잘했을 때의 칭찬 등을 통해 자연스럽게 이루어지도록 한다.

5. 성역할과 성정체성 형성은 타고난 생물학적인 성보다 부모, 교사, 매스컴 등 환경이 중요하다. 조사 결과, 유능한 사람 중 일부는 심리적 양성성을 지닌 사람들이다.

6. 아이는 먹고, 자고, 쉬기의 생리적 안정을 바탕으로 심리적 안정도 느낀다. 심리적 안정은 환경과의 상호작용을 가능하게 하고 자신의 성장과 발달이 가능하게 한다.

7. 개념이 형성되어야 이해력도 높아진다. 아이가 눈으로 보고, 코로 냄새를 맡고, 귀로 듣고, 입으로 맛을 느끼고, 손으로 만지는 등 오감을 통해 개념 형성을 하도록 도와야 한다.

8. 부모의 접촉과 즉각적이고 민감한 반응, 정신화(감정 알아채기) 능력 증진을 통해 아이가 애착을 형성해야 한다. 애착은 인간관계의 원형으로 행복한 아이가 되는 열쇠이다.

9. 도덕성이 높은 아이들이 자아상, 리더십 등 다른 영역에서도 높은 발달을 보인다. 도덕성은 영유아기에 가장 잘 발달된다. 아이의 공감 능력을 키워주어 도덕성을 길러줘야 한다. 도덕성은 아이의 경쟁력이다.

아이 양육의
핵심 가치

* 이 장에서는 아이 발달에서 놓치고 있는 소중한 것들을 함께 생각해 보고자 한다. 생명존중·배려·감사하는 마음, 자율성, 신체·운동 활동, 다중지능, 다문화 사회, 절약·환경보호, 그림책과 낙서이다.

세 가지 마음,
생명존중·배려·감사

"감사하는 것이야말로 당신의 일상을 바꿀 수 있는 가장 빠르고 쉬우며 강력한 방법이라고 나는 확신한다."

- 오프라 윈프리

아이가 꼭 가져야 할 마음, 자세 중 소중하다고 생각되는 생명존중, 배려, 감사에 대해 알아본다.

생명존중

우리나라의 자살률은 OECD 회원국 중 2003년 이후 지금까지 계속 1위를 차지하고 있다. 생명을 가볍게 여기는 사회 풍조가 한몫 거드는 듯하다.

영국 BBC에서 방영한 〈탄생 10개월의 신비〉는 정자와 난자가 만나는 것부터 아기를 출산하는 과정까지 컴퓨터 그래픽과 4차원 초음파 영상으로 생생하게 보여준다. 성인 남성이 1회 사정 시 약 5억

마리의 정자가 나온다고 한다. 우선 5억분의 1의 경쟁이다. 그런데 정자와 난자가 만나 자궁에 착상할 확률은 10~20%이고, 또 그 중에서 절반만이 세상 밖으로 나온다고 한다. 이렇게 우리는 대단한 경쟁력을 뚫고 이 세상에 태어났다. 한 사람 한 사람 귀한 존재로 존중받아야 마땅하다.

    어려서부터 생명을 존중하는 마음을 길러주어야 한다. 일본에서는 유치원과 어린이집에서 토끼, 닭, 오리 등 가금류를 아이들이 직접 먹이를 주고 키우게 한다. 종종 닭이 알을 낳기도 한다. 아이들은 따뜻한 감촉의 알을 서로 만져보려고 한다. 그러한 활동을 통해 생명에 대한 존엄성을 자연스럽게 알아간다. 각 가정에서도 아이들에게 식물을 포함하여 생명이 있는 것을 직접 키워보게 할 수 있다.

배려

우리 아이들은 현재 자본주의 시대를 살아가고 있다. 시장경제원리에 입각한 시장자본주의 시대는 서로 경쟁해야 하는 사회구조이다. 이러한 경쟁사회에서 다른 사람을 배려한다는 것은 큰 덕목임에 틀림없다.

    2011년 3월, 일본 동북부에서 진도 약 9의 지진이 발생했다. 140년 만의 초대형 강진이었다. 지진과 해일로 일본 동북부는 그야말로 초토화가 되었다. 내가 그들에게 할 수 있었던 것은 안부를 묻고 십시일반의 마음으로 TV화면에 나오는 모금 전화번호를 누르고, 유학 시 장학금을 받았던 단체에 성금을 보내는 일이었다.

지진 발생 후 우리를 감동시킨 일본인들의 모습이 지워지지 않는다. 해일이 밀려오는 데도 불구하고 차량의 흐름을 거스르지 않던 운전자들, 지진으로 차가 다니지 않는 도로에서도 신호를 지키는 사람들, 길게 줄을 늘어서서 버스를 타고, 물건을 사고, 주유를 하는 모습들. 과연 우리나라에서 그런 상황이 발생했다면 이들처럼 질서를 지킬 수 있었을까 생각해 본다.

일본 지인들에게 지진 뉴스를 접하고 메일과 전화로 안부를 물었다. 아이 세 명을 두고 있는 동경에 사는 친구는 원전 사고로 시간이 지나면 아이들을 키우는 데 필요한 물건을 구하기 어려울 수도 있겠지만, 원전 피해를 입은 지역 주민들을 생각해서 사재기를 하지 않았다고 한다.

어느 유치원 교사는 원전 피해를 피해서 다른 곳으로 떠나라는 권고를 듣고서도, 자신은 '보육을 필요로 하는 아이들이 있는 한 떠날 수 없다'라고 하면서 무섭지만 각오했다고 말했다. 여기서 각오했다는 것은 죽을 수도 있다는 의미이다.

그런 얘기를 하는 그들의 모습은 담담했다. 어떤 상황을 운명처럼 받아들이는 모습을 읽을 수 있다. 그러면서도 희망을 잃지 않고 있다. 그토록 절박한 상황에서도 질서를 지키고 다른 사람을 배려할 수 있는 힘은 어려서부터 받은 철저한 교육에서 나왔다.

일본 부모들에게 어떤 교육을 강조하는가에 대해 인터뷰를 한 적이 있다. 가장 많은 대답은 '다른 사람에게 피해를 주지 않는 것'이었다. 그들은 어려서부터 철저하게 다른 사람에게 피해를 주면 안 된다고 가르친다. 이러한 배려와 질서 교육이 있어서 절박한 상황에서도 절제된 모습을 보여주었다고 생각한다.

　유학 시 대학원에서 학위논문을 발표할 때의 일이다. 학과의 모든 교수들과 동기, 선후배 앞에서 외국어로 발표해야 하는 상황이다. 사람들 앞에서 발표하는 데는 익숙했지만, 처음으로 긴장감 때문에 입안이 바싹바싹 타는 경험을 했다. 정해진 시간을 조금 넘겨 발표를 마쳤다. 그러자 지도교수가 화를 냈다. 약속시간을 어기는 것은 다른 사람의 시간을 빼앗는 일이라고 했다. 일본 부모들은 이런 생각으로 아이들에게 약속시간을 철저히 지키도록 교육한다.

　우리나라에는 '내 아이만' 생각하는 경향이 있다. 그런 부모의 태도가 결코 아이를 위한 것이 아니라는 사실을 깨달아야 한다. 다른 사람에게 피해를 주어서는 안 된다는 배려 교육은 인격이 형성되는 아이 때부터 해야 한다. 무엇보다 부모가 그런 모습을 보여 모델로서 역할을 수행해야 함도 당연하다. 아름다운 덕목을 교육하는 일을 더 이상 늦추어서는 안 된다.

　내가 어렸을 때는 먹을 것을 얻어먹으러 다니는 사람들이 많았다. 우리 집에 그 사람들이 오면 어머니는 넉넉하지 않은 살림이지만 밥상을 차려 대접했다. 눈치 보지 말고 먹도록 하기 위해서 밥상을 차려 대접했다고 나중에 말씀해 주셨다. 때로는 그들을 집에서 재워주기도 했다. 그런 어머니 덕분에 나도 어려운 사람을 보면 측은지심이 생긴다.

　다른 사람을 배려하는 마음은 내가 여유가 있어야 가능하다. 그렇다면 그 여유로움은 어디서 나올까? 자신감이나 떳떳함에서 나온다. 내 아이가 자신감과 떳떳함을 갖게 하기 위해서는 스스로 어떤 일을 성취하는 성공 경험을 자주 갖도록 해야 한다. 밥을 먹는 것, 옷을 입는 것, 신발을 신는 것 등을 스스로 해냈을 때, 아이가 '나는 할 수 있다'라는 자신감을 얻는다. 그리고 도덕적인 행동을 배우게 함으로써 내면의 힘, 자신감, 떳떳함을 지닐 수 있다.

감사하는 마음

정신과 전문의 김정일이 쓴 《어떻게 태어난 인생인데》는 사람들의 질문에 직접 답변한 내용을 담은 책이다. 그는 아이를 교육할 때 다른 데는 거의 관여하지 않고, 아이가 어렸을 때부터 딱 하나 신경을 써서 교육했는데, 그것은 다름 아닌 감사하는 마음 길러주기였단다.

정신과 의사로서 많은 사람들을 만나 상담하고 치료에 개입하는데, 감사하는 마음이 없는 사람은 힘들게 살아가고 있었다고 한다. 부모라면 누구나 아이가 행복하게 살기를 원한다. 그 역시 마찬가지였다. 그래서 아이가 어렸을 때부터 '감사합니다', '고맙습니다'라는 인사를 해서 습관을 갖도록 노력했다고 한다.

탈무드에도 '감사하는 마음을 가진 사람이 가장 행복한 사람이다'라고 밝히고 있다. 또 스트레스 연구의 대가로 불리는 한스 셀리는 스트레스를 해소할 수 있는 비결이 바로 '감사하며 사는 것'이라고 했다. 감사는 스트레스를 해소해 주는 치유제이기도 하다.

미국 토크쇼의 여왕이라 불리는 오프라 윈프리도 불행한 환경을 감사하는 마음으로 극복했다고 할 수 있다. 그녀는 지금도 매일 다섯 가지 감사하는 일을 찾아 적는 감사 일기를 쓴다고 한다.

예를 들면 '오늘도 거뜬하게 잠자리에서 일어날 수 있게 해주셔서 감사합니다.', '눈부시게 푸른 하늘을 볼 수 있게 해주셔서 감사합니다.' 등 일상생활 속에서 아주 사소한 일이라도 감사한 것을 찾아 적는다.

내 아이가 행복하게 살기를 원한다면 어렸을 때부터 '감사하는 마음'을 갖게 하자. 그 마음의 습관은 평생의 큰 자산이 될 것이 틀림없다. 역경을 이겨내는 긍정적인 힘인 회복탄력성을 기르는 데도 감사하는 마음이 중요하다. 부모와 아이가 매일 감사한 일을 한 가지씩 말해 보면 어떨까?

자율성, 무엇이든 아이 스스로 하기

"아이에게 자율성을 허락하지 않는 것은 부모의 독선 때문이다."

임상상담가 이원영 소장은 부모가 아이에게 스스로 하도록 허락하지 않는 것은 부모의 독선이라 했다. 아이들이 무언가를 자기 것으로 만들기 위해서는 먼저 스스로 관심과 흥미가 있어야 한다. 뇌는 누군가 억지로 가르쳐 주는 것이 아니라 내가 알고 싶어 하는 정보를 더욱 의미 있게 받아들인다. 그러므로 두뇌 발달의 관점에서 보더라도 자유선택 활동은 의미가 있다.

오차노미즈여대 부속 유치원은 일본 최초의 유치원으로, 일부러 아이를 여기에 보내려고 이사 오는 사람까지 있다. 도쿄가쿠게이대학 부속 유치원은 우리나라 교육부에 해당하는 일본 문부성 연구 지정 학교의 부설 유치원이다. 나는 이 두 학교에서 발달임상과 유아심리를 전공했는데, 유치원 행사에 참가하거나 아이들 활동을 관찰하는 실습을 통해 교사가 아이들 교육에 어떻게 관여하는지 자세히 살펴볼 기회가 있었다.

일본에서 나름대로 훌륭하다고 정평이 나있는 유치원이지만, 특별한 프로그램은 없다. 이른바 '개방보육'이라 하여 아이들이 스스로 하고 싶어 하는 자유선택 활동 중심으로 교육한다.

스스로의 힘

아이 발달에 중요하다고 생각되는 단어를 한 번 떠올려 보자. '자립심, 자신감, 자존감, 자율성, 자아존중감, 자기주도적 학습 등 모두 한자 '스스로 자(自)'가 들어간다. 이와 같이 아이 발달에서는 누군가에 의해서가 아니라 아이 스스로 하는 것이 무엇보다 중요하다.

동네 도서관 어린이실에서 본 광경이다. 세 살 정도의 여자아이가 문을 열려고 했다. 어린이 전용 열람실이라서 문도 아이들 키에 맞춰서 만들어 놓았다. 아이 스스로 문을 열 수 있는 높이다. 그런데 엄마가 문고리를 덥석 잡더니 휙 돌려서 열어준다.

아이는 그냥 한걸음 뒤로 물러서서 바라보고 있었을 뿐이었다. 만약 아이가 스스로 문을 열었다면, '아, 문은 이렇게 돌리면 열리는구나'라고 생각하면서 문 여는 원리를 터득했을 것이다. 또 '내가 문을 열었네'라며 스스로 만족감도 느낄 수 있었을 것이다. 뿐만 아니라 '난 앞으로도 또 문을 열 수 있어.' 하고 자신감을 가졌을 텐데. 어디

그뿐인가. 문 여는 과정을 통해서 대근육, 소근육, 눈과 손의 협응력도 발달시킬 수 있었을 것이다. 그런데 엄마가 문을 열어주는 순간, 모두 물거품이 되어버렸다. 발달의 기회를 빼앗겨 버린 셈이다.

엘리베이터 안에서 종종 아이들이 직접 버튼을 누르고 싶었는데 누가 눌러버려 몹시 아쉬워하는 모습을 본다. 어떤 성취와 성공은 스스로 달성했을 때 기쁨과 만족감을 가져준다. 우리나라 부모들은 아이가 스스로 달성하도록 하기보다는 답을 주는 식의 개입을 많이 한다. 오래 전에 읽었던 교육 칼럼 중, 지금도 잊을 수 없는 글이 있다. 호주에서 우리나라로 파견된 외교관이 쓴 글이다.

외교관 부부가 하루는 아이를 데리고 외출했다가 돌아와 현관 앞에서 집 열쇠를 아이에게 주었다. 아이 스스로 문을 열 수 있는 기회를 준 것이다. 그런데 때마침 위층에 사는 한국 아저씨가 내려오다가 '너 이거 못 열겠니?' 하고는 아이에게서 열쇠를 낚아채 자신이 문을 열어버렸다고 한다. 그 외교관은 이렇게 어른이 답을 주는 한국의 교육이 문제라고 지적했다.

아이를 위한 더 나은 선택

아이들이 자주 사용하는 말 중 하나가 '싫어'다. 스스로 하고자 하는 자율성이 싹 트는 시기에, 부모가 어떻게 말하는가에 따라 아이는 '싫어!' 하고 외치기도 한다. 부모는 아이에게 선택권을 줄 때, '싫다'는 대답을 유도할 말을 하는 대신, 아이에게 긍정적으로 기대하는 바를 이야기해주는 게 좋다. 예를 들면 자야 할 시간이 되었을 때 '이제 잘래?'라는 말보다 '이제 잘 시간이야'라고 말해 주는 것이 좋다.

지인이 들려준 이야기인데 2세 아이에게 숟가락에 밥을 떠주며 먹으라고 했더니, 갑자기 울면서 '내가 먹을 거야'라고 했단다. 아이는 숟가락 위에 얹어진 밥을 밥그릇에 다시 엎고 도로 자기가 떠먹더란다. 또 3세 아이에게 옷 입을 때 단추를 채워줬더니, 아이는 '내가 할 거예요'라며 도움을 거부하더란다. 아이들은 자율성 발달을 위해서 스스로 하겠다고 표현하고 있다.

하지만 이렇게 아이가 자율성을 키워갈 수 있도록 스스로 옷을 입어보게 하고, 우유를 따르게 하고, 장난감을 치우도록 하는 데는 엄청난 인내가 필요하다.

작가 김별아는 아이가 다니는 이우학교 프로그램 중 하나인 백두대간 산행에 참여했다. 그녀는 후미대장 임무를 맡았을 때 무전기를 받아 쥐면서 스스로에게 이렇게 다짐했고 한다.

'절대적으로/ 끝까지/ 다그치지 말고/ 기다리자.'

다른 부모들도 아이들을 대하기 전에 이런 원칙 하나쯤 세워두고 있으면 좋겠다.

유태인 가정을 방문한 우리나라 학자의 얘기를 읽은 적이 있다. 그는 아이가 의자에 앉아 있다가 넘어지기에 얼른 가서 일으켜 세워주었다. 그랬더니 아이 아빠가 한국에서는 그렇게 하느냐고 물었다고 한다. 아이 스스로 일어서도록 해야지 왜 어른이 일으켜 세워주느냐고 묻더란다. 아이가 자신이 관심 있는 것을 선택해서 활동하고 넘어지면 안쓰럽더라도 스스로 일어나게 해야 한다.

바깥놀이의
중요성

"부모들이 아이들의 바깥놀이를 원하지 않아요. 지난해 매일 바깥놀이를 했는데 엄마들이 좋아하지 않아서 올해는 어떻게 할지 고민이에요."

서울 근교에서 어린이집 원장 20여 명을 대상으로 한 부모교육 강연 중 나온 이야기다. 우리나라 부모들은 신체·운동 활동의 중요성을 잘 모르는 것 같다. 물론 안다고 하더라도 신체·운동 활동을 함께 해주는 것은 쉬운 일이 아니다.

"20개월 아이 아빠입니다. 퇴근하면 자기 전까지 두 세 시간 놀아줍니다. 아직 말은 잘 못해도 눈치로 알아채고 안아주거나 장난감을 가지고 놀아줍니다. 아이는 온 집안을 뛰어 다녀요. 애 하나 키우는 게 이렇게 힘든데, 둘째를 낳아야 할지 고민입니다."

20개월 된 아이의 아빠가 보내 온 상담 내용이다. 아이는 자기 발달을 위해 온 집안을 돌아다닌다. 이 시기는 걷고, 뛰고 정신없이 돌아다닌다. 발달심리학에서 18개월에서 36개월까지를 '걸음마기'라 한다. 충분하게 신체·운동 활동을 해주어야 건강하게 발달하는 시기이다. 평생 아이와 몸을 부대끼며 놀아줘야 한다는 뜻이 아니다. 이 시기만이라도 집중해주면 된다.

영유아기 교육과
신체 활동

2013년 10월 말에 동경, 사이타마, 요코하마의 교육현장과 보육시설을 둘러보았다. 약 30여 명의 유치원과 어린이집 원장이 참여한 연수였는데, 제자가 전문가로 동행을 요청해서 나도 합류하게 됐다.

어느 어린이집에 들어서자 아이들이 반갑게 인사를 한다. 한국말로 '안녕하세요?'라고 인사하기도 한다. 운동장 옆 풀밭에서 풀을 뜯고 있는 아이, 나무 위를 오르고 있는 아이, 진흙놀이를 하는 아이, 교실 내에서 블록 놀이를 하는 아이 등 각자 자연스럽게 활동을 하고 있었다. 우리는 자유선택 활동 시간에 하는 것을 여기서는 일과 활동으로 진행하고 있다.

넓은 운동장에 12개월 된 아이들부터 5세 아이들까지 차례로 모인다. 모두 각자 의자를 들고 와서 운동장에 그려진 원형의 줄 위에 앉는다. 12개월 된 아이들은 교사가 다다미를 깔아 준비한 자리에 의자 없이 앉는다.

  5세부터 차례로 양팔을 벌리고 달리기, 앉아서 걷기, 줄넘기, 말타기 등 다양한 신체·운동 활동을 한다. 일본 사이타마에 위치한 사쿠란보 어린이집의 모습이다. 밝은 표정으로 신나게 신체·운동 활동을 하던 아이들의 모습이 아직도 눈에 선하다.

  이 어린이집은 1956년 개원 이래 60여 년간 신체·운동 활동을 중시하는 보육목표를 실천하고 있다. 구체적인 보육목표 첫째가 건강한 신체를 기르는 것이다.

  아이들은 등원 후 주로 신체·리듬 활동을 한다. 리듬 활동은 43종목으로 되어 있다. 예를 들면 기본 리듬 활동으로 금붕어처럼 눕거나 엎드려서 허리를 중심으로 몸 흔들기, 토끼처럼 선자세로 제자리에서 점프하기, 제비처럼 양팔을 벌리고 빠르게 달리기, 줄넘기, 공치기, 뜀틀넘기 운동 등이 있다.

  이 어린이집을 개원한 故 사이토우 고우코(斎藤公子) 씨는 그의 저서 《리듬놀이》에서 신체·리듬 활동의 의의를 다음과 같이 밝히고 있다.

  "나는 취학 전 0세에서 6세까지의 체육·스포츠는 단지 신체를 건강하게 하는 목적뿐 아니라 뇌 발달을 위해 즉, 지적 발달을 위해 매우 중요하다고 본다. 왜냐하면 운동신경은 감각신경과 함께 뇌 중추 신경과 연결되어 있는데, 두 신경 발달이 뇌중추 발달을 촉진하기 때문이다. 더구나 취학 전 6년은 뇌중추가 가장 잘 발달하는 시기로, 6세

경까지 성인의 90%에 도달한다고 알려져 있기 때문이다."

오오시마 에이코(大島映子) 원장에게 어린이집을 운영하는 데 어떤 점을 가장 중시하고 있는지 물었다. 역시 신체·운동 활동이라고 했다. 우리나라 부모들은 바깥 활동이 아이 발달에 큰 도움이 되지 않는다고 생각하는 경향이 있다. 교실 안에서 하는 인지적 활동을 선호한다. 다음은 영유아교육 전문지에 칼럼을 쓰기 위해 부모에게 설문 조사 했을 때 받은 내용이다. 우리나라 아이들이 처한 현실을 잘 알려준다.

"너무 인지발달에 치우쳐 어린이집에서도 집에서도 공부해야 하는 아이들이 불쌍해요. 공부를 원하는 학부모들이 많아서인 건 알겠지만 저는 신체 발달 쪽으로 더 활동을 시켜 줬으면 좋겠어요. 하루 한 시간 정도는 신나게 놀 수 있도록 했으면 좋겠어요."

2014년 브라질 월드컵 결승전에서 골이 들어갈 때의 장면이다. 흰색 유니폼을 입은 앳된 독일 선수가 패스를 가슴으로 받아 내리더니, 골문을 향해 툭 찼다. 골키퍼는 골문에서 약간 나와 있던 상황, 순간 골은 골키퍼 왼쪽을 벗어나서 골문 안으로 빨려 들어간다. 해설을 하던 이영표 씨가 골을 넣은 선수는 바로 마리오 괴체라고 했다.

괴체 선수는 8세 때, 유소년축구단에 입단했다. 독일은 1994년과 1998년 연속 8강 진출에 실패한 충격으로 심도 있는 논의 끝에, 기본기를 다지기 위해 유소년축구단을 만들었다. 약 10년간 무려 8천억 원의 예산을 투자했다고 한다. 역량 있는 선수라면 이민자도 가리지 않고 받아들였다. 덕분에 이제는 약 10만 개의 유소년축구클럽, 200만여 명의 선수를 확보하고 있다. 이런 체계적인 시스템 덕분에 독일 팀은 탄탄한 실력을 갖추었다. 괴체 선수는 8세에 입단하기 전부터 축구의 기본기를 다졌을 것이다. 나는 여기에 주목하고 싶다.

운동능력의 민감기는 바로 유아기

도쿄가쿠게이대학은 국립교육대학으로, 문부성 연구지정학교이기도 한 유아교육과에는 유아운동심리를 전공한 모리 교수가 있었다. 그는 유아기는 기본운동능력이 발달하는 민감기라는 사실을 강조했다. 그러면서 특기로 배우는 신체활동이 아닌, 놀이를 통한 신체·운동 활동을 할 수 있도록 교육해야 한다고 말했다. 즉 뛰기, 달리기, 던지기 등 기본운동능력은 유아기에 가장 잘 발달한다는 얘기다.

 4~5세는 스스로 자기 몸을 조절할 수 있는 능력이 생겨 신체·운동 활동을 통해 큰 즐거움을 느끼는 시기이다. 신체·운동 활동은 기본운동능력 발달뿐만 아니라 뇌 발달에도 유익하다. 앞에서 사쿠란보 어린이집 설립자가 언급하고 있듯이 뇌중추는 두 가지 중추로 연결되어 있다. 감각중추와 운동중추이다. 아이들의 신체·운동 활

동은 필수이다.

일본의 유치원과 어린이집 환경을 보며 가장 부러웠던 것은 넓은 운동장과 모래 놀이터였다. 대부분의 유치원과 어린이집은 넓은 운동장을 갖추고 있다. 우리 아이들도 저런 곳에서 실컷 뛰어놀고 자유로운 활동을 하면 얼마나 좋을까 생각했다. 일본에서는 오전과 오후로 나누어 반드시 운동장에 나가 신체활동을 신나게 하도록 한다. 어떤 유치원과 어린이집은 신체활동이 하루일과의 주요 활동이기도 하다.

사회공익재단 부설 구립어린이집을 견학한 적이 있다. 옥상 놀이터를 둘러보던 중 모래놀이터를 두고 5세반 담임선생님이 들려준 이야기다. 옥상에는 대근육 놀이 공간, 모래놀이터가 있다.

"아이들이 제일 좋아하는 공간이에요."
"한 시간 이상 놀고 난 후 교실로 들어가자고 하면 '벌써요?'라고 응석을 부려요."

이렇게 아이들은 신체활동을 좋아한다.

부모들도 유치원이나 어린이집에서 하는 신체·운동 활동을 꺼릴 것이 아니라 오히려 권장해야 한다. 각 가정에서 아이의 건강한 발달을 위해 일부러 시간을 내서 아이와 함께 신체·운동 활동을 하면 좋겠다.

다중지능, 아이의 장점과 강점 살리기

"아이에게 무엇이 결여되어 있는지 보지 말고, 아이에게 어떤 것이 있는지 보라."

임상심리학자 대럴드 트레퍼트는 아이가 가진 장점과 강점을 찾아 그것을 발휘하도록 해야 한다고 강조한다. 아이마다 개인차가 있다. 개인차는 발달 속도의 개인차를 비롯하여, 관심과 흥미 및 신체·운동·사회·정서·도덕·사회·인지·언어 등 모든 영역에서 다른 아이와 차이가 있다는 것을 말한다. 아이가 행복하게 살기를 원한다면 다중지능에 대한 올바른 이해가 필요하다.

다중지능이란

다중지능이란 하버드대 하워드 가드너 교수가 제시한 이론이다. 그의 부모는 1938년에 나치의 유태인 박해를 피해 독일에서 미국으로 건너갔다. 가드너가 엄마 뱃속에 있던 때, 일곱 살이던 형이 죽어서 집안은 침울했다. 근시에다 색맹으로 피아노 치는 것을 좋아했던 그는 한때 음악을 꿈꾸기도 했지만, 1961년 하버드대에 입학하여 다양한 학문을 접한다. 특히 에릭 에릭슨 등의 영향을 받아 심리학을 공부하면서 글을 읽고, 쓰는 영역이 각각 다르다는 사실을 발견한다.

가드너에 따르면 인간에게는 8개의 독립적인 지능, 즉 신체운동, 논리수학, 언어, 대인관계, 자기성찰, 음악, 공간, 자연친화 지능이 있다. 여기에 실존과 초월의 지능을 넣기도 한다. 이들은 각각 완전히 독립적이다. 예를 들면 실어증에도 불구하고 음악적 능력이 뛰어난 음악가가 있다든지, 공간지각은 떨어지는데 언어 능력은 뛰어

나다든지 하는 경우다.

부모는 여덟 가지 독립적인 지능 중에서 내 아이가 잘 할 수 있는 부분을 살리도록 해야 한다. 특히 아이가 잘하는 세 가지가 결합되면 훨씬 더 잘 해낼 수 있다. 이를테면 교사가 되기 위해서는 대인관계, 언어, 자기성찰 부분이 뛰어나면 잘 해낼 수 있다. 교사는 사람을 대상으로 하기 때문에 대인관계 능력이 필요하며, 언어적 설명을 해야 하므로 언어지능이 필요하며, 그 일을 하려는 의지가 필요하므로 자기성찰을 할 수 있어야 한다. 자기성찰 지능은 모든 직업과 연결된다.

EBS에서 방영한 〈아이의 사생활〉 다중지능 편을 보면, 직업에 불만이 높거나 이직을 고려하는 여덟 명에게 다중지능 검사를 실시했다. 이들의 직업은 교사, 연구원, 의대생, 개인 사업가 등인데, 검사 결과는 놀라웠다. 이들의 강점 지능은 이들이 현재 하고 있는 일이 아닌, 하고 싶은 일과 연관성이 있었다. 그런데 현재 직업을 선택한 이유에 대한 대답은 신기하게도 일치했다. 모두 부모들이 원했다고 한다. 결국 부모의 체면과 욕심 때문에 자녀는 불행과 짝짓게 되었다.

반대로 자기 분야에서 성공하여 인정받는 사람들의 다중지능 검사를 했다. 그랬더니 앞에서 자기 일에 불만이 있는 사람들과는 반대로 모두 자신의 강점 지능이 현재 하는 일과 일치했다. 거기다 그들의 세 가지 강점 지능 안에 모두 '자기성찰 지능'이 들어가 있었다. 즉 자신에 대해 잘 알고 있었다. 그럴 경우 운동 하나를 하더라도 해야 하는 이유나 의미를 찾아서 하므로 더 좋은 결과를 낼 수 있다.

아이의 행복이 먼저

30여 년이나 어린이집을 운영해온 원장에게 들은 이야기다. 오랫동안 일했기 때문에 그 어린이집 졸업생 중에는 결혼해서 아이를 낳고, 그 아이가 다시 어린이집에 다니는 경우도 있단다. 어느 날도 어떤 엄마가 아이를 데리고 왔는데, 엄마 얼굴이 낯익었다. 엄마가 원아였을 때, 항상 손으로 뭔가를 만지거나 의자 나사를 다 풀어놓거나 해서 늘 '손 머리에'를 시켰던 아이였다. 그런데 신기하게도 그 엄마는 현재 손으로 기계를 조립하는 일을 하고 있단다. 그때, '손 머리에' 했던 것이 미안해졌다고 했다.

부모들도 가정에서 비슷한 실수를 한다. 아이들은 모두 자신이 잘하는 영역의 지능을 가지고 태어났다. 그러므로 부모의 욕심으로 아이에게 바라는 일을 시키는 것이 아니라, 아이가 하고 싶은 일을 하게 해주어야 무엇이든 잘 해낼 수 있고, 결국 행복하게 살아갈 수 있다.

지금 전국적으로 치르는 일제고사도 다시 생각해 봐야 한다. 사교육 조장과 전인교육의 파행을 가져올 수 있다. 이러한 영향은 아이들 교육에도 영향을 끼친다. 아이의 다양한 사고력, 창의적 사고력을 살려 각자 잘할 수 있는 부분을 찾아내도록 하는 다중지능적 관점에서 교육이 이루어져야 한다.

　수학 논리적으로 뛰어난 사람이 있는 반면, 운동, 공간, 언어, 음악, 대인관계, 자연친화적, 자기성찰 능력이 뛰어난 사람이 있다. 각자 잘 할 수 있는 부분은 모두 다르다. 내 아이의 개성과 인성에 왜곡을 가져오는 교육 정책에 대해서는 부모들이 문제를 제기해야 한다. 아이들이 각자 잘할 수 있는 영역을 살리도록 하고 지·덕·체(知, 德, 體)의 조화를 이룰 수 있게 해야 한다.

　아이의 흥미가 장점이 되고, 장점이 다시 강점이 된다. 아이가 가진 무한한 가능성과 잠재력은 아이의 일상적인 흥미 속에 숨어 있는 수가 많다. 진정한 자아실현은 가르쳐서 되는 게 아니라 안에서 흘러나오는 게 아닐까? 그래야 아이가 행복해질 수 있다.

틀린 게 아니라
다를 뿐이다

"자기 아이가 ○○에서 온 엄마를 둔 다문화가정 아이와 놀았다고 하면, 어린이집으로 어떻게 그 아이와 놀게 됐는지 전화가 와요."

내 아이가 어떻게 그 아이와 놀게 되었는지를 묻는 것은 긍정적인 관심이라기보다는 걱정과 염려 탓이다. 다른 친구들과 노는 것은 괜찮은데 그 아이는 마음에 걸린다. 유독 다문화가정 아이에게 보이는 부정적인 인식이다.

"엄마, 이 사탕 먹어도 괜찮지? 다문화가정 아이가 자기 엄마 나라 갔다 와서 나눠준 건데, 우리 반 아이들이 쓰레기통에 버린 거야."

딸아이를 둔 박사과정 학생의 이야기다. 아이들은 왜 이렇게 했을까? 처음 사례에서처럼 은연중에 다문화가정에 대한 부모의 편견이 작용한 탓이다.

부모들부터 먼저 변해야 한다. 나는 다문화가족을 꾸리는 결혼이주여성이나 외국인 노동자를 만나 그들의 얘기를 듣고 기사화해서 지역신문에 기고한다. 인터뷰 과정에서 아이를 둔 결혼이주여성과 대화를 나누다 보면 정말 자기 아이를 사랑하고 있음을 느낀다. 그런데 그 아이가 학교에 가서 따돌림을 받는다면 얼마나 힘들겠는가. 그들도 자신의 아이가 따돌림을 당할까 봐 가장 걱정하고 왕따 문화를 이해하기 어렵다고 한다. 우리 사회의 부끄러운 자화상이다.

나도 외국에서 7년을 살았고 귀국한 후에도 종종 연구로 또는 경험을 위해 다른 나라에 간다. 서로 언어가 잘 통하지 않더라도 상대가 나를 어떻게 여기는지 느낌으로 알 수 있다. 가장 중요한 것은 상대를 존중하는 태도이다. 부모가 먼저 존중하는 자세를 가질 때 아이들도 부모를 따라 배운다.

선입관과 편견 없이

우리는 자신도 모르게 선입관과 편견으로 다른 사람을 평가하는 경향이 있다. 이런 선입관과 편견은 언제부터 형성되는 것일까? 어느 연구에 따르면 어린아이는 편견이 적고 사고가 유연하다. 그에 비해 초등학생만 되어도 선입관과 편견이 들어간 판단을 한다. 선입관과 편견은 타고나는 것이 아니라 교육이나 주변 환경을 통해서 형성된다.

다양성을 인정해야 하는 시대이다. 어릴 때부터 편견이 없는 교육이 이루어져야 한다.

다문화가정 아이들뿐만 아니라, 장애아에 대해서도 편견 없이 자연스럽게 대할 수 있도록 해야 한다. 일본에서는 장애아들에 대한 편견을 갖지 않게 하려고 유치원이나 어린이집에서 장애아와 비장애아가 함께 생활하는 통합교육을 시행한다. 중증일 경우는 특수시설에 보내지만, 경증일 때는 비장애아들과 함께 생활하면 치료효과도 있기 때문이다.

어려서부터 함께 지내면 편견 없이 자연스럽게 장애를 받아들일 수 있다. 장애는 불편한 특성일 따름이다. 하나의 차이일 뿐, 차별할 이유는 아니다. 아이 때부터 다양한 사람들을 자연스럽게 접할 수 있는 기회를 제공해주어야 한다. 그래야 장애인에 대한 이해를 토대로 인권과 다양성을 존중하며 살 수 있다.

장애 통합교육이
성숙한 사회로 이끈다

우리 사회가 보다 성숙한 사회로 가기 위해서는 장애에 대한 편견을 줄이는 일이 중요하다는 생각으로 2010년부터 2012년까지 3년 간 '장애 통합교육'에 대한 국제공동연구를 했다.

세계적으로 장애 통합교육을 가장 잘 하는 덴마크, 아시아에서 가장 잘 하는 싱가포르, 그리고 비교를 위해 일본, 인도와 한국까지 5개국이 같이 진행한 연구였다. 2013년 3월, 동경에서 5개국 연구자들이 모여 마무리 세미나를 했다. 그때 덴마크 참가자의 발표 중 인상적이었던 게 덴마크에서는 장애를 특별하게 생각하지 않는다는 것이다.

연구를 위해 우리나라 장애통합 어린이집을 몇 곳 방문했다. 그때 원장이나 주임교사가 가장 큰 문제로 든 것이 부모들의 인식이다. 장애아를 둔 부모들은 쉽게 아이의 장애를 받아들이려 하지 않고, 비장애아를 둔 부모들도 아직 장애아들에 대한 배려가 적다고 했다.

누구에게나 장애가 있다. 신체적 문제만 장애인 것은 아니다. 오히려 밖으로 드러난 장애가 숨겨진 장애보다 더 낫다고 볼 수도 있다. 다문화가정 아이나 장애아에 대한 부모들의 편견이야말로 숨겨진 장애다. 부모 자신이 다양성을 존중하는 가정에서 자라지 못했거나, 어떤 계기로 상처와 그림자를 갖게 되었을지도 모른다. 아이에게 부모의 생각과 태도는 절대적이다.

다문화가정 아이나 장애아와 만날 때, 부모부터 편견을 깨뜨리는 성숙의 계기로 삼으면 좋겠다.

작은 실천,
절약과 환경보호

"쉬는 날인데 불을 켜고 있기가 미안해서 불을 켜지 않았어요."

유학시절 어느 토요일 오후, 어느 대학의 교수 연구실을 찾았다. 약속 시간인데 연구실 불이 꺼져 있다. 그래도 시간을 잘 지키는 분이었기에 노크를 해 보았다. 안에서 대답이 들렸다. 연구실로 들어가서 왜 불을 켜고 있지 않느냐고 묻자 '쉬는 날인데 불을 켜고 있기가 미안해서'라고 대답했다. 또 한 번은 그 교수의 자택에 식사초대를 받아 간 적이 있다. 교수는 아이들에게 식사 때 물을 남기지 않도록 먹을 만큼만 따르게 했다. 아마도 그 역시 부모로부터 그렇게 교육받았을 것이고, 자신도 똑같이 아이들을 교육하는 모양이다.

몸에 배인
절약 습관

일본에서는 발표 자료를 나눠줄 때도 A4로 배부하지 않고 B4 양쪽에, 그것도 양면복사해서 나눠준다. 노트에 넣기 편한 측면도 있지만, 종이를 절약하기 위해서다. 글자 크기도 작다. 유치원이나 어린이집에 다니는 아이들은 원복을 물려 입고, 연례행사처럼 바자회를 열어 필요하지 않는 물건은 싸게 내놓아 다른 사람이 쓸 수 있게 한다. 일상생활 가운데 철저하게 절약을 실천한다.

또 공중목욕탕에서는 우리처럼 수도꼭지를 오래 틀지 않는다. 꼭 필요한 양 만큼만 따로 담아서 쓴다. 집에서 목욕할 때는 물을 받은 후 전 가족이 차례차례 한 사람씩 같은 물을 사용한다. 수동 세탁기 시절에는 그 물도 그냥 버리지 않고 초벌 빨래에 사용했다.

일본에 사는 지인이 들려준 이야기다. 한국에서 온 손님에게 대우 차원에서 받아온 욕조에 제일 먼저 들어가게 했다. 그 손님은 자신만 사용하고 한국에서처럼 욕조 물을 빼서 버렸다. 그래서 그날 가족들은 욕조에 몸을 담그지 못하고 샤워만 했다고 한다.

세계적인 환경운동가 제인 구달은 우리나라 음식점에 가서 가장 먼저 컵부터 뒤집어 놓는다고 한다. "물을 마실 사람이 있으면 자신만 따라 마시면 되지, 왜 마시지도 않는 물을 따라 주느냐"고 말했다고 한다. 세계를 돌아다니면서 눈으로 직접 물 부족을 목격했기 때문에 마시지도 않을 물을 따라 주는 일은 낭비라고 생각하는 것이다.

아프리카 아이들이 시력을 잃어가고 있다고 한다. 그늘이 되어 줄 나무를 다른 나라에서 수입해 가고 있기 때문이다. 전 세계를 누비며 활동하는 한비야 씨가 전하는 얘기다. 아이들 시력을 잃게 하면서 수입해 온 나무가 가공되어 곳곳에 사용되는 셈이다.

"아이들이 재활용품으로 장난감을 만들어 집에 가져가면 엄마가 버려버린다고 서운해해요."

어린이집 원장이었던 어느 교수의 얘기다. 아이들이 절약하는 습관을 갖기 위해서는 부모의 말과 행동이 중요한데, 어떤 부모들은 이렇게 절약이나 환경보호에 대한 인식이 부족하다.

아이는 부모의 등을 보고 배운다

나는 생활 속에서 절약하려 애쓴다. 대학에서 복도를 걷다보면 낮이나 밤이나 빈 강의실임에도 불이 훤히 켜져 있는 경우가 많다. 그럴 때 나는 들어가서 끈다. 치약의 마지막 부분은 가위로 이등분이나 삼등분으로 잘라 안쪽에 조금 남아 있는 치약까지 사용한다. 모든 면에서 절약하려는 모습을 본 가족들에게 그렇게 생활하면 경제가 돌아가지 않는다는 말을 듣기도 하지만, 생활 속에서 작은 것이라도 절약을 실천해야 한다고 생각한다.

나에게 이런 태도가 형성된 것은 어머니의 영향이 크다. 내가 어렸을 때는 우리나라가 절대적으로 가난하던 시대였다. 그래서 근검·절약을 강조하기도 했지만, 가난을 떠나서도 근검·절약을 몸소 실천하고 자녀들을 교육하셨다.

현재 우리 사회는 지나치게 낭비가 심하다. 부모는 아이가 일상생활 속에서 어려서부터 절약하는 습관을 몸에 배게 해야 한다. 양치질을 할 때 입을 헹굴 물은 컵에 받아서 사용하고, 빈 방의 전기를 끄고, 치약은 마지막까지 사용하고, 종이를 함부로 사용하지 않고, 이면지를 활용하고, 쓰레기 분리수거를 하는 등 부모가 작은 실천을 몸소 보이고 아이가 배우게 해야 한다.

절약은 곧 환경보호와도 연결된다. 예를 들어 종이를 아껴 쓰면 나무를 덜 베게 될 것이다. 지금의 지구 자원은 우리들만 사용할 것이 아니다. 후손들도 사용해야 한다. 이는 아이들에게 절약교육이 중요한 이유이기도 하다. 교육은 말로 가르치는 것이 아니라 보여주는 것이다. 아이는 부모의 등을 보고 배운다.

가장 위대한 스승, 자연

"자연을 이길 교사는 없다."

오래 전에 읽었던 일본 영유아교육 전문지에 나온 문구가 지금도 기억에 또렷하다. 자연은 위대한 스승이다. 대학원 수업 중, 노작활동을 강조했던 오가와라는 노교수는 매년 학생들을 데리고 니가타 숲속에 풀어놓고 자연 재료를 활용해 뭔가 만들어보도록 했다. 밤에는 활동하면서 느낀 점을 토의하는 시간이 있었다.

그는 그렇게 배운 것을 나중에 아이들에게도 전하라고 가르쳤다. 아이들의 배움은 신체지(知)라는 말을 특별히 강조했다. 즉, 아이들은 머리로 사물을 이해하는 것이 아니라 오감을 통한 온몸으로 받아들인다는 얘기다.

자연만큼 훌륭한 선생님은 없다

베트남 어린이집을 방문했을 때의 일이다. 꽤 넓은 운동장에 나무가 가득 심겨 있고, 화분도 많이 늘어서 있었다. 심지어 화장실에도 화분이 가득해서 놀랐을 정도였다. 원장에게 이유를 물었더니, 아이들의 정서 발달을 위해서라고 했다. 어떤 부모라도 아이가 정서가 풍부한 사람으로 자라기를 바란다. 좋은 방법은 아이들이 식물을 가까이 접하게 하는 것이다.

"몇 주 전에 TV에서 독일의 숲 유치원에 대한 다큐멘터리를 보았습니다. 아이들에게 너무 이상적인 교육 프로그램이라서 우리 아이가 어리다면 한 번쯤 꼭 보내고 싶습니다. 자연 속에서 뛰어노는 것을 보니 우리나라 유아교육도 획일화, 선행학습 위주에서 벗어나 자유롭고 창의적인 교육이 이루어지면 좋겠습니다."

영유아교육 전문지에 칼럼을 쓰려고 학부모 설문 조사를 할 때 받은 의견이다. 독일 하이델베르크 대학 피터 하프너 교수의 연구에 따르면 숲 유치원을 졸업한 아이들이 사회성이나 언어, 인지 발달을 비롯해 여러 영역에서 뛰어난 능력을 보인다고 한다. 이와 같은 교육적 효과를 떠나 아이들이 자연을 접하고 행복한 시간을 보낼 수 있는 것만으로도 그 가치는 충분하다. 우리도 아이 때부터 자연 속에서 땅을 밟고, 동물, 곤충, 식물 등 생동하는 생명을 보고, 계절의 변화를 몸소 체험하도록 해야 한다.

정서는 교육으로 얻어지는 것이 아니라, 체험하면서 발달한다. 아파트 생활을 많이 하는 아이들을 위해서 집안에 화분이나 어항을 들여 놓아 아이가 살아있는 생명체를 접할 수 있게 하는 것도 좋겠다.

양양 낙산사에 갔었다. 다섯 살쯤 되어 보이는 남자아이가 나무 위에 앉아 있는 잠자리를 잡으려고 살금살금 다가갔다. 결국 잠자리는 놓쳤지만 아이의 얼굴은 햇살 같은 웃음이 가득했다. 작은 사물에 대한 민감기에 놓인 아이답게 어른들은 그냥 지나치는 작은 잠자리에도 관심과 흥미를 보였다.

자연을 사랑하는 체험을 하고 생명을 존중할 줄 알도록 배운 아이는 정서적으로 풍요로운 어른이 된다. 그것은 돈을 지불하더라도 살 수 없는 자산이다. 자연은 변하지 않는 본질이다. 그 속에서 마음껏 뛰어노는 아이들은 틀림없이 행복할 것이다.

부모가 자연의 넉넉함과 위대함을 알고, 아이들과 함께 자연이 말없이 주는 혜택을 실컷 누렸으면 좋겠다.

그림책과 낙서,
아이들의 상상 놀이터

"나는 평소에 아이들이 스마트폰이나 디지털기기의 위험에서 벗어날 수 있는 중요한 대안으로, 그림책 읽기를 자주 강조해왔다. 아이에게 그림책을 읽어주는 동안 아이의 뇌는 거의 모든 부분이 활성화된다."

소아과 전문의 김영훈 박사의 얘기이다. 어릴 때부터 그림책을 접하는 것이 좋다. 이때는 내용보다도 운율적인 면이 아이들에게 좋은 자극이 된다. 또 아이들이 집중할 수 있는 시간을 고려해서 읽어주는 것이 효과적이다.

꿈을 꾸게 해주는
그림책

특별히 언어발달에 중요한 시기에 놓인 아이는 사람 목소리에 가장 민감하다. 비디오나 CD로 자극을 주기보다, 직접 부모의 목소리로 읽어주는 것이 좋다. 나는 어린이집 교사로 있을 때 학기 초 부모들에게 아이에게 줄 생일선물을 그림책으로 정하고 어떤 책을 선물할지를 미리 준비해서 생일잔치 때 보내달라고 했다. 책의 속지에는 아이에게 하고픈 이야기를 정성껏 편지로 써달라고 부탁했음은 물론이다.

생일잔치 행사를 할 때 부모가 적어보낸 사랑의 편지를 읽어주고 교실의 읽기 공간에 책을 비치했더니 아이들이 등원하자마자, 또 점심을 먹자마자 쪼르르 달려가서 생일선물로 받은 그림책을 펼쳐보았다. 자연스럽게 독서하는 분위기가 형성된 것이다. '우리 엄마 아빠가 준 생일선물이야.' 하고 자랑하는 친구들도 있었다. 자신이 사랑받고 있다는 느낌만큼 중요한 것이 또 있을까? 가정에서도 같은 방법으로 해 보면 좋다. 아이 생일 때 부모가 고른 책, 또는 큰 아이라면 아이가 원하는 책 앞쪽에 사랑의 편지를 써주자. 아이는 자연스럽게 그 책을 읽고 싶어 하고 그러면서 저절로 책 읽는 습관이 형성될 것이다.

나는 초등학교 입학 전 어머니에게 글 읽는 법을 배웠다. 어머니는 농사 때문에 바빠서 아침밥 짓는 시간에 오빠들에게 아궁이에 불을 때게 하고 그 틈을 활용해서 나에게 한글을 가르치셨다. 제대로 된 노트도 없어서 어머니가 종이로 된 비료 포대를 잘라 칸을 그리고 무명실로 바느질을 해서 깍두기공책이라 하는 노트를 만들어주셨다. 어머니의 이런 정성 덕분에 글을 배웠다.

하지만, 그 무렵의 농촌에는 초등학교 입학 전에 읽을 만한 그림책이 거의 없었다. 학교에 들어가서야 비로소 이런 저런 책을 접할 수 있었다. 학교 프로그램 중에 고전읽기가 있었는데 반에서 성적이 상위인 학생들을 방과 후 남겨 책을 읽게 했다. 그때 처음으로 읽었던 책들 중 《퀴리 부인》, 《이순신 장군》 같은 위인 이야기가 아직도 기억에 생생하다. 나는 《퀴리 부인》을 읽고 막연하게 교사나 연구자의 삶을 동경했다. 아닌 게 아니라, 내가 지금 교사와 연구자의 길을 가고 있으니, 이렇게 책은 알게 모르게 영향을 주나보다.

요즘 아이들은 얼마든지 그림책이나 동화책을 읽을 수 있다. 이때 부모의 욕심을 앞세우기보다는 아이의 관심과 흥미를 고려하여 접근하는 것이 좋다. 또, 부모가 먼저 책을 읽어 아이들도 자연스럽게 따라 읽게 해야 한다.

6남매 모두 세계적인 리더로 키운 전혜성 박사는 아이들이 어디서나 책을 읽을 수 있도록 아이마다 책상을 두 개씩 준비해 두었다고 한다. 아이의 친구들이 오면 그들이 사용할 책상까지도 준비했다고 한다.

아시아 여성 최초로 하버드 로스쿨 종신교수가 된 석지영 교수는 어렸을 때 엄마가 매일 동네 도서관에 데리고 갔고, 자기 전에는 늘 책을 읽어주었다고 한다. 석 교수는 돌이켜 보면 책 자체보다는 엄마와 눈을 마주치고 엄마의 목소리를 들으며 사랑받고 보호받는다는 느낌이 더 좋았던 것 같다며, 자신도 아이에게 그렇게 해 준다고 한다. 이와 같이 부모가 아이와 함께 책을 읽거나 읽어주는 것은 단지 지적인 측면만이 아닌 정서적인 발달에 큰 영향을 준다.

아이 때부터 다양한 내용의 그림책을 보며 상상력을 기르고 꿈을 기르게 하면 좋다. 상상력 발달은 다른 사람의 입장과 감정을 이해하는 데도 도움을 준다. 아이들이 그림책의 내용을 이해하기 때문에 의사소통이나 도덕성 발달에 효과적임은 물론, 최근 강조되고 있는 인성교육에도 바람직하다.

표현하면
편안해진다

현대인은 많은 병리적 문제를 안고 살아간다. 그 원인 중 하나는 자신의 생각과 감정을 풀어내지 못하기 때문이다. 일본에서는 아이들이 신체활동이나 그림 그리기, 글쓰기로 자연스럽게 표현하는 경험을 중요시한다. 아이들은 자신의 생각을 언어로 표현하는 것이 어려워서 낙서를 한다. 낙서를 보면 아이의 마음이 보인다.

낙서는 아이가 스스로 선택하여 기쁨을 맛볼 수 있는 훌륭한 놀이다. 낙서를 통해 신체·운동 능력 발달을 도울 수 있다. 또 폭넓은 사고를 가능케 해 창의성을 발달시킬 수 있다. 최근 페이스북을 비롯한 일부 회사에서는 실제로 직원들에게 낙서를 권하고 있다.

한편 아이들은 낙서를 통해 불안이나 갈등, 스트레스를 해소하기도 한다. 특히 요즘 아이들은 학습에 대한 부모들의 지나친 관심으로 스트레스가 많다. 낙서를 하면 스트레스를 풀 수 있어서 심리적 안정을 꾀할 수 있다. 이와 같이 낙서는 아이들에게 심리적 안정을 가져다주고 자신의 생각을 마음대로 표현할 수 있어서 긍정적인 자아개념을 형성할 수 있다.

어디서나 아이의 생각을 표현할 수 있도록 종이와 크레파스, 연필, 사인펜 등 관련 도구를 제공하는 것이 좋다. 부모가 이야기를 들려주고 그려보도록 하거나, 아이 스스로 무한한 상상력을 동원하여 그려보도록 하자.

부모가 읽어야 할 8가지 신호

> 1. 인간은 대단한 경쟁률을 뚫고 태어난 소중한 존재다. 살아있는 생명에 대한 존중, 다른 사람에 대한 배려, 감사하는 마음을 배운 아이가 행복한 삶을 살 수 있다.
>
> 2. 자유선택 활동을 중요시하자. 아이가 관심과 흥미가 있는 활동을 했을 때 뇌 발달, 자아존중감 발달 등에 좋은 영향을 주기 때문이다. 아이에게 선택권을 주도록 하자.
>
> 3. 신체·운동 활동을 중요시하고 부모가 아이와 함께 시간을 만들어야 한다. 신체·운동 활동은 신체적 건강뿐 아니라 뇌 발달에도 중요하다.
>
> 4. 아이에게는 독립적인 지능, 즉 신체운동, 논리수학, 언어, 대인관계, 자기성찰, 음악, 공간, 자연친화, 실존, 초월의 지능이 있다. 내 아이의 강점 지능을 찾아 키워주어야 한다.

5. 아이 때부터 다문화가족 아이나 장애가 있는 아이들과도 함께 지내게 하자. 틀린 것이 아니라 다를 뿐이다. 어릴 때부터 편견 없이 자라도록 해야 한다.

6. 아이 때부터 절약과 환경보호를 배우게 하자. 부모가 가정에서 물컵에 물을 받아 이를 닦거나, 빈방의 전깃불을 끄거나, 쓰레기 분리수거를 하는 등의 작은 실천을 보여주자.

7. '자연을 이길 교사는 없다'라는 말이 있다. 풍요로운 자연 속에서 아이가 직접 체험활동을 하도록 하자. 자연 속에서 배울 뿐만 아니라 정서도 풍요로워진다.

8. 아이들에게 그림책을 읽어주거나, 보게 하고 마음껏 낙서를 하게 하자. 이는 아이의 정서, 언어, 표현 활동 등에 긍정적인 영향을 준다.

리허설은 없다,
매순간 부모로
살아가는 법

* 아이 발달에서 가장 중요한 존재인 부모가 가져야 할 자세와 마음에 대해 생각해 보려 한다. 아이가 선택한 부모의 의미, 부모교육이 먼저인 이유, 기다려주기, 아이가 느끼는 사랑주기, 진짜 칭찬 해 주기, 시인처럼 섬세한 눈으로 아이 행동 바라보기, 부드럽고 따뜻한 날씨 같은 부모 되기, 아이의 꿈과 개인차 존중하기, 초기경험의 중요성 바로 알기, 건강한 자아 만들어 주기, 공감·수용·진심을 가진 부모 되기, 아빠의 양육 참여, 아이 홀로 세우기이다.

아이가 부모를
선택했다

"부모가 아이를 낳은 것이 아니라, 아이가 부모를 선택했다."

발도로프 교육의 창시자 슈타이너의 말이다. 그는 아이가 자신을 가장 잘 알고 자기답게 키워 줄 사람을 부모로 선택했다고 보았다. 여기서 잘 안다는 건 아이의 관심과 흥미, 성격, 기질, 발달의 정도를 잘 이해한다는 의미이다. 발달의 정도란 신체, 운동, 정서, 사회, 언어, 인지 면에서 아이 발달의 모든 부분을 가리킨다.

아이에 대해 모든 것을 잘 알고, 내 아이가 가진 능력을 충분히 발휘하면서 자랄 수 있게 해주는 것이 부모의 역할이다. 슈타이너와 같은 자녀관, 즉 아이가 부모를 선택했다는 자녀관을 지닌다면 부모는 더욱 책임감을 가질 수 있다. 또한 부모가 자기 마음대로 아이를 대하지 않게 된다. 어떻게 해주면 좋을지 먼저 아이에게 묻고, 결코 아이가 원하지 않는 학원을 보낸다거나, 억지로 무슨 일을 시키진 않을 것이다. 아이가 무엇에 관심과 흥미가 무엇인지, 무얼 하고 싶은지, 무얼 할 수 있는지 찬찬히 살펴보게 된다.

아이의 관심과 흥미, 발달의 정도를 고려하지 않은 채 학원을 보내는거나 학습지를 시키는 등 '과잉 인지교육'이 아이 발달에 커다란 문제가 되고 있다. 부모들은 이 문제의 심각성을 깨달아야 한다.

아이는 소유물이 아니다

일본 부모들에게 들은 얘기다.

"아이는 신으로부터 받았다고 생각한다. 주종관계는 아니다. 아이도 하나의 인격체이다. 아이에게 배울 점도 있다."
"뱃속에서부터 움직이는 것을 느끼고 하나의 인격체라고 생각했다. 그래서 도와주어야겠다고 생각했다."

아이는 부모의 소유물이 아니다. 나에게 주어진 은혜로운 선물임을 잊지 말자. 내 아이의 의미를 생각하자. 슈타이너도 말했듯이 아이가 부모를 선택했다는 관점의 전환이 필요하다. 내 아이라고 내 마음대로 하지 말고, 아이에게 먼저 묻고, 찬찬히 살펴, 아이가 가진 특성을 잘 살려 주도록 하자.

일본에서 부모를 가리키는 한자는 '친(親)'이다. 이를 풀이하면 '나무(木) 위에 서서(立) 본다(見).'는 뜻이다. 하나하나 관여하기보다 믿고 지켜봐 준다는 의미이다. 염려하는 마음도 있지만 믿고 사랑하는 마음이 더 크다. 소나 말을 방목하여 기를 때, 큰 울타리는 쳐주되 일일이 쫓아다니며 '여기서 풀을 뜯어 먹어라, 저기서 뜯어 먹어라' 하지는 않는다. 이처럼 부모도 아이를 양육할 때 조금 여유를 갖고 해야 한다.

아이를 믿어주고
장점을 발견하라

자폐증을 발견한 존스홉킨스대학 레오 카나 교수는, 부모가 아이에게 과잉 기대를 하면 거부당할 때와 비슷한 스트레스를 받는다는 사실을 밝혀냈다. 부모의 지나친 기대는 아이에게 강력한 스트레스로 작용한다.

30년 간 임상적으로 아이의 문제를 봐온 소아 정신과 전문의 사사키 마사미는 부모들의 조바심이 문제임을 지적한다. 그는 아이를 믿어주고 아이의 장점에 주목해야 한다고 강조한다. 단, 아이가 기고 걷는 초기에는 부모의 세심한 양육이 필요하다.

나는 중학교까지는 시골에서 다녔기 때문에 송아지가 태어나는 것을 몇 차례나 보았다. 송아지는 태어나자마자 그 자리를 털고 일어서서 걸어 다니는데, 아이가 걷기까지는 1년 정도의 시간이 필요하다. 바로 그 1년이 매우 중요하다.

몬테소리의 손녀딸이 하는 특강에 참석했을 때 그녀도 몬테소리가 중요하게 여긴 시기는 생후 1년이었다고 했다. 생후 1년은 주로 엄마와 가장 많은 시간을 보내기 때문에 엄마의 역할이 중요하다. 성인으로 성장하는 데 누구의 영향을 가장 많이 받는지 생각해 보자. 특별한 경우를 제외하고는 대부분 부모이다.

나 역시 부모의 영향이 가장 컸다. 아버지는 주변에서 '법 없이도 살 사람'이라는 얘기를 들으셨고, 어머니는 우리 시대의 어머니들이 그렇듯 자식들을 위해 헌신을 하셨다. 지금은 고생의 결과로 허리가 다 구부러지셨다. 객지생활을 하면서 힘들거나 나태해질 때 부모님을 떠올리며 나 자신을 추스르곤 했다.

나는 유년시절 부모에게 특별한 물질적 선물을 받아본 적이 없다. 그래도 행복했다. 부모는 나에게 억지로 공부하라고 강요하지 않고, 무조건적인 사랑을 주었기 때문이다. 요즘 아이들은 많은 물질적 선물은 받지만 행복하지 않다. 부모가 학업과 관련된 일로 스트레스를 주기 때문이다.

소파 방정환은 '어린이에게서 기쁨을 빼앗고, 어린이 얼굴에다 슬픈 빛을 지어 주는 사람이 있다 하면, 그보다 불쌍한 사람은 없을 것이요, 그보다 더 큰 죄인은 없을 것이다'라고 했다. 내 아이에게서 기쁨을 빼앗고, 아이를 슬프게 해서 불쌍한 사람, 죄인이 되지 말자.

꾸중하기보다는
기다려주길

34년 간 아이들과 함께 했던 어느 선생님도 꾸중을 자주 듣고 자란 아이들은 의기소침해지고 자신감이 없어지므로 꾸중하지 말아야 한다고 강조했다. 그리고 아이들은 어느 때가 되면 스스로 잘 할 수 있게 되니, 그냥 인정하고 지켜봐 주는 것이 중요하다고 했다.

우리는 알게 모르게 부모의 행동, 태도, 가치, 신념 등에 영향을 받아 지금의 나로 산다. 또 부모로부터 물려받은 것을 아이들에게 대물림한다. 그러니 미래세대를 위해서 부모가 올바른 양육태도를 가져야 한다.

인간이 할 수 있는 일 중에서 양육보다 중요하고 가치 있는 일이 또 있을까 싶다. 양육에 대한 가치와 의미 부여를 통해 자긍심과 행복감을 갖고, 아이를 믿어주며 아이 스스로 할 수 있도록 기다려주자.

부모가 받아야 할 조기교육

"노를 젓다가/ 노를 놓쳐버렸다.// 비로소 넓은 물을 돌아다보았다."

고은 시인의 '비로소'라는 시다. 부모는 자기성찰이라는 나침반을 가지고 방향을 잘 잡고 갈 필요가 있다. 노를 잠시 놓아도 배는 여전히 물 위에 떠 있다. 넓은 세상을 보고, 가야 할 방향과 부모의 역할을 다시 한 번 점검하자.

인생은 속도가 아닌 방향이다

올바른 방향을 잡기 위해 해야 할 일은 충분한 사색이다. 모두가 바쁜 일상을 살아간다. 그러나 무엇 때문에 이렇게 바쁜지 걸음을 멈춰보는 것도 중요하다. 인생은 속도가 아니라 방향이다.

"2세 여자아이인데 다른 친구를 자꾸 깨물어요. 아이 엄마는 전문직에 종사해서 밤 11시나 귀가해요."

"17개월 된 아이가 늘 손가락을 빨고, 머리를 바닥에 박아요. 오후 세 시경 다른 아이 보호자들이 아이들을 데리러 왔다는 방송이 나오면 짜증을 내요. 이 아이는 오후 여섯 시경에 귀가해요. 엄마, 아빠가 이혼해서 할머니가 주로 키우다가 최근에는 엄마가 키우고 있어요."

"30개월 남자아이인데 친구 한 명을 지목해서 공격적인 행동을 해요. 표현은 잘 못하고 그냥 '어어' 같은 음성적 발음만 해요. 엄마는 방송인으로 바쁘게 지내요."

어른들은 문제로 생각할지 모르지만 아이들의 이런 행동은 자기 마음을 나타내는 중요한 신호이다. 부모가 자신의 삶을 바쁘게 살아갈수록 아이의 공격적인 행동도 심해질 것이다.

부모들이 오리엔테이션, 입학식, 졸업식 외 다른 행사에는 잘 참석하지 않는 것은 어린이집에서는 흔한 일이다. 부모 대부분이 아이 교육을 위해 경제적 투자를 아끼지 않는다. 그러나 유치원이나 어린이집에서 부모교육을 한다고 알리는데 잘 참석하지 않는다. '가정통신문'을 통한 부모교육조차 눈여겨보지 않는 편이다. 아이 교육 이전에 부모교육부터 선행되어야 한다.

아는 만큼 보이고,
느낀 만큼 보인다

유홍준 교수가 쓴 《나의 문화유산 답사기》 서문에 있는 말처럼, 우리는 어떤 사람이나 사물에 대해 아는 만큼 보게 된다. 경기도 연천에 가면 전곡리 선사유적지가 있다. 그 유적지를 처음 발견한 사람은 미군 병사 그렉 보엔이었다. 그는 한탄강 근처에서 한낱 돌멩이에 불과했던 주먹도끼를 발견한다. 수많은 사람들이 그냥 지나쳤을 그 돌멩이가 그에게는 주먹도끼로 보였던 것이다. 그가 고고학을 전공한 덕분이었다.

그의 발견으로 우리나라 구석기 문화가 기원전 20만 년이 넘는다는 사실이 밝혀졌다. 또 세계사적으로도 유럽, 아프리카에만 있다는 석기가 우리나라에서도 발견되어 학설이 바뀌는 계기가 되었다. 그렉 보엔에게 고고학적 지식이 있었기에 가능한 일이었다. 그의 발견이 우리나라뿐 아니라 세계사에도 영향을 미쳤듯이, 부모가 아이에 대해 아는 것이 많으면 많을수록 아이의 발달을 의미 있게 만들 수 있다. 우선 부모가 아이 발달의 단계별 특성을 잘 알아야 한다. 그래야 아이의 발달을 제대로 도울 수 있다.

예를 들어 아이가 한 살 반이나 두 살 정도 되면 '싫어, 안 돼, 내가 할 거야! 내 거야.' 등의 말을 자주 한다. 아이 발달의 특성을 잘 모르는 부모라면 '누구 닮아서 이렇게 고집이 세!'라고 아이를 혼낼 수도 있다. 그러나 고집이 세서 그런 것이 아니라 이 시기는 자아가 싹트고 자율성이 발달되는 단계이므로 지극히 자연스러운 행동이다. 만일 이때 이런 발달 특성을 모르고 부모가 야단을 치거나 아이가 스스로 할 수 있는 기회를 주지 않으면 아이는 자아가 손상되고 긍정적인 자아존중감이 발달하기 어렵다.

부모는 최초의 교사다

부모는 아이에게 인생 최초의 교사이다. 교사의 어원을 살펴보면 '교(敎)'는 '본받을, 가르칠, 알릴, 훈계할, 학문의' 뜻을 지니고 있다. '사(師)'는 스승, 선생님, 본받을 어른, 벼슬 이름 등을 뜻한다. 교사(敎師)는 '본을 보임으로써 가르치는 사람'을 의미한다. 영어로 'teacher'라 표기한다. 이 단어 속에는 '사'(師)의 스승과 같은 인격적인 의미보다는 일정한 자격을 갖추어야 하는 전문적 직업으로서의 의미가 크다.

부모는 교사로서 다음 두 가지 자질을 갖추어야 한다. 먼저 교사의 한자 어원에서 알 수 있듯이 인격적 자질을 갖추고 교사로서의 역할을 제대로 수행해야 한다. 또 행동, 태도, 언어, 사고 등이 아이들에게 모범이 되어야 한다. 부모가 바람직한 행동을 하지 않고 말로만 가르치려 든다면 오히려 냉소적인 마음만 키우게 된다.

뉴욕대 키벨레 레이버 심리학 연구팀이 2~6세 아이 1,025명과 그들의 가정환경을 연구한 결과, 가정에 불화가 많은 아이는 그렇지 않은 아이보다 스트레스를 더 받으며, 감정 제어가 어려워서 공격적이고 또래관계가 어렵다는 사실을 밝혔다. 그러므로 부모교육을 통해 부모 먼저 스스로 화, 좌절감, 걱정 등 감정을 조절하는 법을 배우고 익혀야 한다.

또한 교사의 영어 표기에서 나타나는 의미와 같이 아이 발달에 대해 잘 알고 있어야 한다. 내 아이의 연령별 발달 특성을 토대로 감정을 이해해야 한다. 부모가 맞벌이를 하면서 유치원이나 어린이집에 아이를 맡긴다 하더라도 아이에게 심리적으로 가장 가까운 사람은 부모라는 사실을 가슴 깊이 새겨야 한다.

아이와 같이 보낼 수 있는 시간이 적은 부모는 함께 있는 시간에 아이가 부모의 사랑을 충분히 느낄 수 있도록 해야 한다. 그저 많은 시간을 아이와 함께 보내기보다 질적인 상호작용이 중요하다. 즉 신체적 접촉을 자주 하고 원하는 것은 바로 알아채 반응해 주는 등 아이가 부모의 사랑을 충분히 느껴야 한다. 아이들 대부분이 발달상 중요한 시기인 어린 시절에 가장 많은 시간을 부모와 보내고 있으니, 부모가 모델의 역할을 제대로 수행해야 한다.

욕심을
버리자

"제가 마음을 내려놓으니 편하고, 아이가 하는 것이 그 나이에 할 수 있는 행동으로 다 예쁘게 보이더라고요."

아동가족학을 전공하는 학생들과 종강 MT 때, 1세 반 보육교사로 근무하면서 공부를 계속하는 선생님의 이야기이다. 부모들도 아이에 대해 이런 마음을 가져야 한다. 아이의 발달 과정을 이해하고, 마음을 내려놓고, 아이를 보면 행동 하나하나가 의미 있게 눈에 들어온다. 그냥 놔두고 기다리며 지지하고 응원하자. 그리고 아이가 부모를 필요로 할 때 적절하게 반응해 주자.

기다려주는 것이
중요하다

"기다리는 것도 일이니라. 일이란 꼭 눈에 띄게 움직이는 것만이 아니지. 이런 일이 조급히 군다고 되는 일이겠는가. 반개(半開)한 꽃봉오리 억지로 피우려고 화덕을 들이대랴. 손으로 벌리랴. 순리가 있는 것을."

17년 동안 바위에 한 자 한 자 새기듯 글을 썼다는, 《혼불》의 작가 최명희는 그냥 기다려주는 것도 일이라고 일러준다. 절반만 핀 꽃봉오리를 마저 피운답시고 추운 겨울에 화로를 들이대거나, 손으로 벌리면 그 꽃은 어떻게 되겠는가. 생기 있는 꽃으로 존재하지 못하고 금방 시들어 버릴 것이다. 아이 발달도 자연의 원리와 같다. 날씨가 따뜻해지면 꽃이 피듯 아이들도 때가 되면 뒤집고, 기고, 앉고, 서고, 걸어 다닐 수 있다.

아이에게
시간을 주자

　　　　　　　　많은 부모들이 아이 스스로 무언가를 하거나 문제를 해결할 시간을 충분히 주지 않는다. 예를 들어 아이가 색종이로 꽃을 만든다고 가정해보자. 아이는 어른처럼 능숙하지 않으니 천천히 만든다. 그런데 옆에서 지켜보던 엄마가 답답해서 그냥 만들어 준다. 아이는 '내가 할 거야.' 했다가 결국 엄마에게 맡겨버린다. 스스로 할 수 있는 기회를 빼앗기고, '나는 잘 못해', '나는 할 수 없어'와 같은 부정적인 자기 인식이 생기게 된다. 아무리 사소한 일이라도 혼자 해냈을 때 '아 내가 해냈구나'라고 생각하며 자신을 자랑스럽게 여기고 만족할 수 있다. 이러한 경험의 반복을 통해 아이는 자신을 긍정적으로 생각하는 자아존중감이 형성된다.

　오차노미즈여대에서 공부할 때, 분쿄여대의 히라노 교수가 특강을 왔다. 그 교수는 강의 후 퍼포먼스를 했다. 깔때기 안에 거름종이를 넣은 후 투명한 유리병에 꽂는다. 깔때기 안에 물을 붓는다. 물은 천천히 유리병 속으로 떨어진다. 콸콸콸 떨어지는 것이 아니고 졸졸졸 흘러내린다. 거름종이를 거치고 가느다란 깔때기 관을 거쳐서 떨어지기 때문이다. 물은 거름종이의 원리, 깔때기 관의 원리에 의해 떨어진 것이다. 히라노 교수는 아이의 발달도 이와 같다면서 아이들과 함께 할 때는 기다려주는 것을 가장 중요하게 여기며 늘 마음속에 새기라고 강조했다.

"한국인 하면 가장 먼저 떠오르는 게 '빨리 빨리'지요."

한국, 일본, 중국, 베트남 학자들과 10여 년 넘게 '용돈을 매개로 한 부모-자녀 관계의 심리학적 연구'를 진행해 오고 있다. 어느 날 한 연구 멤버에게 '한국인 하면 생각나는 게 뭐예요?'라고 물었더니 이와 같이 대답했다. 부모들 스스로 조금 여유를 갖고 아이와 상호작용하도록 노력해야 한다.

스스로 하는 아이

일본 유치원에서의 광경이다. 한 아이가 아침에 종이로 된 우유갑을 들고 등원했다. 아이는 교실 구석에서 오전 간식 때까지 뭔가를 만든다. 선생님이 못하게 하거나, 빨리 끝내라고 재촉하지 않는다. 그렇다고 방관하는 것이 아니라 아이의 행동을 관찰한다.

혼자서 한참 동안 집중하며 뭔가를 만들어 선생님과 친구들에게 보여준다. 로봇이었다. 가위로 자르고 풀로 붙여서 제 힘으로 로봇을 만들었다. 로봇을 보여주는 아이의 얼굴은 자랑스러움으로 가득 찼다. 스스로 해낸 것에 대해 만족스러워하는 얼굴이다. 그 아이는 혼자서 로봇을 만들며 많은 것을 배우고 느꼈을 것이다. 이와 같이 가정에서 부모도 아이가 스스로 할 수 있도록 충분히 기다려주어야 한다.

일본에서 실습했던 유치원의 입학 조건 중 하나는 보호자가 반드시 집에 있어야 한다는 것이었다. 가장 중요한 시기에 유치원에만 맡겨서는 아이의 건강한 발달을 보장할 수 없으니 가정과 연계하여 잘 키우자는 취지였다. 그래서 차량 운행을 하지 않으며 부모가 아이를 자전거에 태우거나 손을 잡고 등·하원을 해준다. 등원할 때는 원장이 유치원 입구에서 맞이하고, 담임선생은 각 교실에서 무릎을 꿇고 아이들 눈높이에서 한 명 한 명 부드러운 눈빛과 상냥한 목소리로 인사를 나눈다. 진정으로 아이들을 존중하면서 소통하는 장면이다.

이와 같이 부모들도 일상생활 속에서 무릎을 꿇고 정성껏 등원하는 아이들을 맞이하는 선생님처럼 자녀를 존중해야 한다. 이런 마음이 있다면 아이를 지켜보며 기다려줄 수 있다. 부모로부터 존중받는 아이는 건강하게 자랄 것임에 틀림없다. 부모 쪽에서 주는 일방적인 사랑이 아니라 진정성 있는 사랑을 아이가 느낄 때 건강하게 성장할 것이다.

느낄 수 있어야
사랑이다

"3세 남자아이인데 최근에 제가 오후에 공부할 일이 있어 아이를 유치원 종일반에 보내고 있어요. 그런데 그 뒤로 아이가 공격적인 행동을 많이 해요."

아이는 원래 오후에는 엄마와 함께 시간을 보냈는데, 최근에 유치원에서 지내다보니 스트레스를 받고 심리적으로 불안해져서 엄마의 사랑을 받고 싶다는 표현을 하는 것이다. 또 종일반에서 누군가 공격적인 행동을 보여 그것을 모방했을 수도 있다.

어느 부모나 아이가 건강하게 자

라고 사회적으로 제 역할을 감당하기를 바라겠지만, 잘못된 부모의 자녀관과 교육관이 아이에게 부정적인 영향을 미치기도 한다.

자녀관·교육관
바로잡기

잘못된 자녀관에 대해 생각해 보자. 오차노미즈 여대 부속 유치원 원감 선생님이 수업을 담당하는 과목이 있었다. 유치원 교실에 직접 가서 강의를 받았다. 그때 원감 선생님이 이런 얘기를 했다.

옛날 사람들은 자녀를 신으로부터 의탁 받은 선물로 생각했으나, 지금은 결혼하고 나서 부부가 '우리 아이 하나 만들까?'라고 하면서 자녀를 갖다보니 아이를 자신의 소유물처럼 생각하는 경향이 있다고 했다. 이는 우리나라도 마찬가지다.

또한 잘못된 교육관으로 아이의 인지교육에만 치우친 경향을 들 수 있다. 공동연구 관계로 일본 교수나 유치원·어린이집 원장이 우리나라 유치원과 어린이집을 보고 하나같이 이렇게 묻는다. '왜 한국은 인지교육 중심으로 프로그램이 짜여 있으며, 인지 위주의 환경을 갖추고 있는가?'라고.

아이들의 발달은 신체, 정서, 사회, 언어, 인지 영역 등이 통합적으로 발달해야 한다. 지·덕·체가 조화롭게 발달해야 한다. 그러나 우리나라 부모들은 인지 발달에 주로 관심을 갖고 유치원이나 어린이집에다 그 영역에 중점을 맞춰 교육해 달라고 요구하기도 한다. 이런 교육환경에서 아이들은 스트레스를 받고 발달상 문제를 나타낸다. 모든 발달은 상호 관련성을 맺으며 이루어진다는 것을 이해하고 적절한 환경을 만들어주어야 한다.

우리나라 부모들이 보여주는 양육 태도 중 점검이 필요한 부분은 아이와 같이 놀아주기보다는 관리자로서 아이를 대하는 태도다. 아이들과 함께 즐거운 시간을 갖고 추억을 만들어 주는 것이 바람직한데, 그저 아이의 행동을 감시하는 역할을 수행한다. 아이에게 여러 학원을 다니게 하고 한 학원이 끝나면 차 안에서 간식을 먹이고 가방을 바꿔서 다른 학원으로 바래다주는 부모가 많이 있다는 이야기를 들었다. 이는 관리자의 역할이다. 엄마의 간섭은 아이를 위축시키고, 위축된 만큼 아이는 병리적인 문제를 나타낼 수도 있다.

집중적인 사랑을 쏟아야 할 시기

취학 전은 아이 발달에서 가장 중요한 시기이다. 영국 아동심리학계 거장인 스티브 비덜프는 《3살까지는 엄마가 키워라》라는 책을 통해 다음과 같이 강조한다.

"세상에 갓난아이처럼 집중적인 사랑이 필요한 존재는 없다. 생후 몇 년 간은 인생에서 가장 중요한 기술인 사랑하는 법과 사랑받는 법을 배워야 한다. 생사가 달린 피치 못할 사정이 아니라면 이런 중대한 시기에 다른 사람의 손에 아기를 맡기는 것은 위험천만한 일이다."

할머니나 이모 등 엄마가 아닌 다른 사람이 키우는 경우라면, 그 사람이 진정한 엄마가 되어주어야 한다는 의미이기도 하다. 진정한 엄마는 아이의 입장에서 아이를 이해한다. 이해는 영어로 Understand이다. 이는 Under(아래) + Stand(서다)로 '아래에 서다'라는 의미를 지닌다. 아래에 선다는 것은 아이의 눈높이에 맞춰 주고 아이를 존중하라는 의미이기도 하다.

부모의 입장이 아닌
아이의 입장에서

누구나 사랑의 감정을 느낀 적이 있을 것이다. 누군가를 온전히 사랑했을 때를 기억해 보라. 상대의 모든 것이 궁금하고, 작은 몸짓 하나에도 신경이 쓰이지 않았는가? 아이를 진심으로 사랑한다면 아이의 행동 하나하나를 유심히 살피고, 이해하도록 노력하는 것이 맞다. 내 아이니까 다 안다는 듯이 행동하지 말고, 아이 입장에서 다시 생각해 보자.

유명한 철학자이자 심리학자인 에리히 프롬은 《사랑의 기술》에서 사랑의 단계를 말하는데, 그 중 하나가 '관심과 이해'다. 관심은 한자로 관계할 관(關), 마음 심(心)이다. 마음, 즉 진심으로 대해야 한다.

사랑하면 아이의 작은 행동 하나도 의미 있게 다가온다. 그리고 진심으로 아이를 대할 때 아이의 행동 변화가 가능하다. 어린 아이들도 진심인지 아닌지를 안다.

일본 유치원에서 등원 시간에 담임선생님이 무릎을 꿇고 한 명 한 명 눈을 마주치며 상냥하고 부드러운 모습으로 아이들을 맞이한다는 이야기를 보육교사들에게 들려주고 그렇게 해보라고 했다. 그 후에 어느 교사가 고백한다. 정말 사랑하는 마음으로 그렇게 했더니 아이들이 달라지더라고. 다른 반 선생님들도 '어떻게 선생님 반 아이들은 그렇게 달라요?' 하고 묻더란다. 진심이 통한 것이다.

어린이집 교사로 있을 때의 일이다. 말썽꾸러기로 통하는 3세반 아이가 있었다. 이 아이는 엄마가 직장을 다녀서 다른 아이들보다 일찍 어린이집에 왔다. 당직이 아니어도 늘 일찍 출근했던 나는, 자연스럽게 아침에 이 아이와 얘기를 나눌 수 있는 기회가 많았다. 관심을 갖고 말을 걸었더니 아이가 달라지기 시작했다. 이렇게 아이들은 관심과 사랑을 먹고 자란다.

가정에서도 마찬가지이다. 부모가 아이를 진실하게 사랑해 주었을 때, 아이는 사랑을 느끼고 안정감을 가지며 편안해진다. 부모가 주는 일방적 사랑이 아니라 아이가 느끼는 사랑이어야 한다.

아이를 가슴으로 존중하고 아이의 전인적 발달을 도우며, 아이와 같이 놀고 추억을 만들어 주는 부모가 되어야 한다. 아이를 진정으로 사랑한다면 아이의 앞날을 걱정하면서 간섭하는 것이 아니라, 아이의 능력을 믿어주고 지켜보는 여유를 갖자.

선물보다 더 좋은 말, 진짜 칭찬

"23개월 되는 아이입니다. 최근에 귀찮을 정도로 끊임없이 사물 하나 하나를 가리키며 이게 뭐냐고 물어봅니다."

아이들은 호기심 덩어리이다. 아이는 질문을 통해 사물의 명칭, 성질, 원리 등을 하나하나 자기 것으로 만들어 간다. 배움의 뿌리는 '동기'에 있다. 동기는 배움에서 중요한 요소다.

EBS에서 방영한 〈퍼펙트 베이비〉 중 '동기, 배움의 씨앗'이라는 주제가 있다. 아이들에게 '하고 싶다'라는 동기를 심어주기 위해서는 칭찬이 필요하다는 사실을 밝히고 있다. 칭찬을 할 때는 결과보다는 다음 일본 부모의 사례처럼 과정에 초점을 맞춰야 한다.

아이를 긍정적인 눈으로 보자

"그림이나 작품 등이 어떻게 더 나아졌는지를 설명해 주면서 칭찬을 해줘요."

부모는 아이 스스로 어떤 일을 해냈을 때 칭찬을 아끼지 말아야 한다. 혹여 실수하거나 실패하더라도 격려해 주어야 한다. 인간은 누구나 사랑받고 인정받기를 원한다. 칭찬과 격려를 통하여 그 기본적인 욕구를 충족시켜 주어야 한다.

아이를 칭찬해 주기 위해서는 부모가 아이를 긍정적인 눈으로 바라보아야 한다. 일본의 어느 엄마는 아이에게 태어나줘서 고맙다고 말했다고 한다. 이런 마음이 있다면 아주 사소한 것도 칭찬해줄 수 있다.

무더위가 한창이던 어느 여름날, 다문화가족 인터뷰 일로 몽골에서 시집 온 엄마를 만났다. 초등학교 1학년인 아들도 함께 왔다. 어른들만 이야기해서 심심했던지 아이는 집에 가겠다고 보챘다. 집은 아이 혼자 보내도 되는 거리인 듯했다. 그래도 엄마는 걱정됐는지 '집에 도착하면 잘 도착했다고 전화해줘'라고 부탁했다. 떠난 지 5분도 채 되지 않아 전화가 왔다. 무사히 집에 도착한 모양이었다. 나도 안심이 됐다. 그런데 별일 없이 잘 갈 수 있는지 속으로 걱정했을 엄마가 이렇게 말했다.

"약속 지켜줘서 고마워. 우리 아들 무지 빨리 달려갔나 보네. 달리기 선수해도 되겠네."

나는 부모가 자녀에게 약속 지켜줘서 고맙다고 인사하는 경우는 처음 봤다. 그 장면을 목격한 순간 가슴이 뭉클했다. 엄마는 몽골 고위 관료의 막내딸이었다. 그녀는 초등학교부터 외국어사립학교에서 공부했다. 대학 졸업 후 중국어 전공을 살려 근무하다 한국 남성과 결혼했다. 고향을 떠나 다른 나라에서 살고 있는 엄마는 아들이 태어났을 때 가장 행복했다고 고백한다. 자신의 존재감을 갖게 해 준 것이다. 그 마음이 '고마워'라는 표현으로 이어진 게 분명하다.

고마워하는 마음은 엄마가 아이를 소중하게 여기고 존중한다는 증거이다. 부모는 아이를 하나의 인격체로 존중해야 한다. 존중했을 때 아이를 소유물이 아닌 존엄한 인간으로 생각하게 된다. 부모의 감정대로 대하는 것이 아니라 아이를 살피면서 양육할 수 있다.

엄마는 도착하자마자 전화를 걸어 준 것에 대해 '달리기 선수해도 되겠다'라고 아이를 응원하고 지지하기도 했다. 엄마의 칭찬을 받았으니 분명 더 잘하게 되리라 믿는다.

진짜 칭찬과
가짜 칭찬

몇 년 전 복지시설 은평천사원 원장을 지냈던 분의 이야기를 들은 적이 있다. 한 아이에게 일부러 심부름을 시켰다고 한다. 아이는 심부름을 할 때마다 달려서 빠르게 다녀왔다. 원장은 너는 달리기 선수가 될 것이라고 자주 말해주었다. 그랬더니 그 아이는 나중에 정말 달리기 선수가 되었다고 한다.

아이들은 칭찬을 먹고 자란다. 특히 아이가 심리적으로 가장 가깝게 느끼는 부모의 칭찬은 하늘을 날듯이 신나게 만든다. 아이들은 칭찬을 받으면 더 잘 해야겠다고 생각하게 되고 이는 스스로 배울 수 있는 기회를 만들어 준다. 일본의 어느 엄마는 다음과 같이 칭찬이 왜 필요한지를 잘 알고 적절하게 칭찬을 해주고 있다.

> "아이가 자신감을 얻도록 칭찬해주고 있어요. 예를 들면, 엄마를 도와줄 때나 다른 사람에게 친절하게 대할 때 칭찬을 해줘요."

갓난아기를 키우는 어떤 엄마는 '우리 아이가 이제 겨우 돌 막 지났는데도 자기를 이뻐하고 귀여워하는 건 정말 기가 막히게 알더라구요.' 하며 신기해했다.

아이를 믿고 기대하며 진심어린 칭찬을 해주자. 심리학자의 실험 결과, 이 갓난아기처럼 아이는 진짜 칭찬과 가짜 칭찬을 구별한다. 칭찬할 때는 진심이 느껴지도록 구체적인 행동에 초점을 맞춰서 하라. '참 잘했구나'보다는 '컵에 우유를 잘 따랐네. 참 잘했구나'라고 말해주는 편이 좋다. 아이들은 칭찬받으면 다른 활동을 통해 또 칭찬받고 싶어 한다. 이렇게 칭찬이 이어지면 아이들이 자연스럽게 사물의 원리와 개념까지도 조금씩 깨닫게 된다.

시인의 시선으로
바라보기

'자세히 보아야 예쁘다/ 오래 보아야 사랑스럽다/ 너도 그렇다'

나태주 시인의 '풀꽃'이라는 시다. 나는 시집을 즐겨 읽고 종종 시도 쓴다. 아름다운 시어(詩語)에 감동하고, 시인이 사물을 보는 눈을 배우고 싶어서다. 시인은 시를 쓰기 위해서 순간순간에 머물고, 모든 사물을 마음으로 바라본다.

아이들의 몸짓 하나, 말 한 마디 어느 것 하나 의미 없는 것이 없다. 시인이 흔들리는 갈대를 보고 시를 쓰듯이, 부모는 아이의 행동에서 아이의 마음을 읽어야 한다. 안도현 시인은 허리를 낮춰서 사물을 보라고 한다. '그래, 허리를 낮출 줄 아는 사람에게만 보이는 거야/ 자줏빛이지 자줏빛을 똑 한번 건드려 봐/ 흔들리지? 그건 관심이 있다는 뜻이야/ 사랑이란 그런 거야/ 사랑이란 그런 거야'(제비꽃에 대하여 중 일부) 시인이 허리를 낮춰 사물을 보듯, 부모는 아이의 눈높이에 맞춰 상호작용을 해야 한다.

아이의 눈높이로 보기

집 근처 도서관에서 나오는 길이었다. 엄마와 여자아이가 앞서 가는데, 엄마가 아이에게 '자~ 손잡자.' 하고 손을 내밀었다. 하지만 아이는 못 들은 척 계속 갔다. 그러다 아이가 손에 들고 있던 머리핀을 땅에 떨어뜨렸다. 엄마가 꾸중하듯 한마디 한다. 내가 아이에게 몇 살인지 물었다. 아이가 아직 대답하기도 전에 엄마가 '네 살이에요.' 하고 대신 대답했다.

엄마의 행동은 여러 가지 측면에서 문제가 있다. 이 시기의 아이는 혼자 걸어가면서 탐색하고 신체·운동 활동도 해야 한다. 머리핀을 떨어뜨릴 수도 있다. 그런데 엄마는 감정이 섞인 목소리로 부정적인 반응을 했다. 이렇게 하면 아이의 자아는 손상되고 만다. 내가 아이의 나이를 물었을 때 아이가 대답을 하지 않더라도 엄마가 그냥 대답할 것이 아니라 아이가 대답하도록 했어야 한다. 엄마의 일방적인 소통방식은 아이의 발달에 나쁜 영향을 준다.

명성산에 갔을 때였다. 나는 일행과 함께 하산 길에 발의 피곤을 풀어주려고 계곡물에 발을 담갔다. 하지만 오래 담그고 있을 수 없을 정도로 물이 차가웠다. 우리 일행 근처에 세 살 정도 되어 보이는 아이도 계곡물에 손을 넣었다가 '앗! 차가워'라고 했다. 그러자 엄마가 '차갑기는 시원하지'라고 말했다. 사소한 일이지만, 아이의 생각을 인정해 주지 않으면 자아가 싹트는 시기에 아이의 자아가 손상될 수 있다. 또 온도감각에 혼동이 생길 수 있다. 온도감각 문제는 크면서 자연스럽게 해결되겠지만, 심리적인 상처는 계속 남는다.

스위스의 인지발달 학자 피아제는 이런 경우조차도 학대라고 했다. 아이들도 나름대로 생각이 있다는 것을 인정해야 한다. 특히 앞의 경우는 아이의 온도감각이 더 정확했는데도 엄마가 아이를 혼냈다. 참 안타까운 상황이다.

따뜻하고 섬세한 눈과 마음으로 바라보기

"아이가 장난감을 가지고 놀다가 던지는 일이 있었습니다. 그 장난감이 제 발가락에 너무 세게 맞아 깜짝 놀라 '야!' 하고 소리 질렀어요. 화는 더 내지 않고 딸아이를 앞에 앉히고 '○○가 장난감을 가지고 재미있게 놀았지? 그러다가 장난감을 쿵! 하고 던졌지? 그래서 엄마 발에 꽁! 했어. 근데 장난감이 꽁! 한데가 너무 아파. 앞으로는 그러지 말자. 엄마 발가락에 ○○가 한번 '호' 해줄까?'라고 천천히 말했습니다. 그랬더니 바로 '호~호~호~' 해주더라구요."

23개월 된 아이를 키우는 보육교사인 엄마의 사례이다. 아이에게 화를 너무 많이 낸 것 같아 조심해야겠다고 생각하며 나름 노력한다고 했다.

"50개월 남자아이 엄마입니다. 제 성격은 느긋합니다. 블록놀이 할 때 '안 돼, 난 못해!'라고 하면 엄마가 도와줄까? 하고 묻습니다. 요즘은 엄마가 좀 도와달라고 먼저 말하기도 해요. '천천히 해볼까? 이게 좀 어려운가 보네. 천천히 하면 될 것 같은데.' 하면서 기다립니다. 완성되지 않았어도 만드는 과정을 칭찬해 줍니다.

혹시 날씨와 안 맞게 우비나 장화를 신어도 말리지 않습니다. 불편할 수 있다고만 얘기하고 그래도 선택한다면 그냥 둡니다. 사소한 약속이라도 꼭 지키려고 노력해요. 혼자 할 수 있는 일은 알아서 하게 두고, 부탁한다거나 해줘서 고맙다고 꼭 말해줍니다. 그래서인지 뭔가 하고 나서는 '엄마, 내가 해줘서 고맙지? 내가 도와줄게'라고 이야기합니다."

이 아이는 유치원에서 친구들을 잘 도와주면서 리더 역할을 하고 선생님의 칭찬을 많이 받는다고 한다. 부모의 바람직한 태도가 아이 발달에 긍정적인 영향을 주고 있음을 짐작할 수 있다.

이 사례의 엄마처럼 따뜻하고 섬세한 눈을 가진 시인과 같이 아이들을 대해야 건강하게 자랄 수 있다.

온화한
날씨 같은
부모

"사람에게 사람보다 더 중요한 환경은 없다. 나와 상호작용하는 사람들이 나의 절대적인 환경이다."

임종렬 박사는 《모신(母神)》에서 엄마는 아이에게 날씨와 같다고 보았다. 아이가 느끼는 엄마라는 날씨는 따뜻하고 부드러워야 한다. 아이가 엄마와 가장 많은 시간을 보내는 '출생부터 36개월까지'의 경험은 평생을 살아가면서 두고두고 사용하게 될 운명의 재산이 된다.

가슴에 새겨야 할 단어
'존중'

심각한 정신병으로부터 아이를 보호하기 위해서는 특히 생후 4~18개월 동안에 아이와 엄마 사이가 1밀리미터의

틈도 없이 가까워야 한다. 특히 정신적으로 아주 밀착된 가까운 느낌을 주는 좋은 관계를 경험하도록 해야 한다.

엄마가 언제나 아이의 요구에 적절하게 잘 반응해 주고 따뜻하게 대해 주면 아이는 건강한 성격의 소유자가 되고, 아이의 요구를 무시하거나 꾸중을 하면 아이는 내면에 분노를 품은 부정적인 성격이 된다.

나는 박사논문에서 유아의 사회도덕성 발달에 영향을 끼치는 부모의 양육태도에 대해 연구했다. 연구 결과, 유아의 사회도덕성 문제와 가장 상관관계가 컸던 것이 부모의 애정 철회적 태도였다. 즉 아이의 입장에서 부모가 자신을 사랑하기를 그만 둔 상태라고 느끼는 것, 자신을 받아주지 않고 거부한다고 느끼는 것이 아이에게 가장 나쁜 영향을 준다. 부모의 긍정적인 양육태도가 자녀의 발달에 +80의 영향을 준다면, 애정 철회적 태도는 -90으로 영향을 주는 정도가 더 크다.

이는 사회도덕성 발달뿐만 아니라 다른 발달에서도 마찬가지이다. 뇌 과학자들은 뇌 촬영을 통해 배제 당한 경험이 뜨거운 것에 데거나 날카로운 흉기에 찔릴 때의 물리적 통증과 같은 반응으로 나타난다는 사실을 밝혀냈다.

아이들에게 따뜻한 날씨가 되기 위해서는 아이들을 존중해야 한다. 존중(尊重)이라는 말의 사전적 정의는 '높이어 귀중하게 대함'이다. 아이를 한 인격체로 소중하게 여기고 있는 그대로 받아들인다면 내 감정대로 아이를 혼내거나 함부로 하지 못할 것이다.

아이들을 믿고 인정하자

"화를 참지 못하겠어요. 딸 아이 하나 키우는데 왜 이리 힘든지 모르겠어요."

어느 엄마의 하소연이다. 화를 참거나, 양육이 힘들다고 느낀다면 아이를 편하게 대하기가 어렵다.

소파 방정환 선생은 '어린이를 한 인격체로 존중해야 한다'는 점을 강조하면서 어린이날을 제정했다. 어린이날을 제정한 지 100년이 다 되어가는데도 아이를 부모의 소유물, 대리만족의 대상으로 여기는 경우가 많다.

아이들이 지닌 능력과 잠재력, 가능성을 믿고 인정해야 한다. 이를 위해 적절한 환경과 자극을 주어 발달이 잘 일어날 수 있도록 해주어야 한다. 또한 아이의 자율성과 의사를 존중하고 개인차를 배려해주어야 한다. 부모가 아이를 진정으로 존중하고 사랑한다면 일의 우선순위도 바꿔야 한다. 귀가 후 자녀들이 같이 놀아주기를 원할 때 '설거지해야 한다', '청소해야 한다'라며 아이와 놀아주는 것을 뒤로 미루지 말아야 한다. 부모가 자신의 할일을 다하고 나면 아이는 기다리다 지쳐서 잠이 들어 있다. 직장에 다니는 엄마는 아이 아빠나 다른 가족 구성원에게 힘든 부분을 이야기하고 양육과 가사 분담을 제안하라. 아빠는 당연히 함께 나누어야 할 일이라고 생각해야 한다. '맞벌이'가 아닌 '맞살림', '맞육아'라는 용어가 보편화되기를 기대한다.

생각하는 의자에 앉히는 것도 학대다

일본에 거주하는 지인 중 한국어 교실을 운영하는 분이 있다. 한국에서 뉴스로 보도된 아동학대 문제에 대해 의견을 나누는 시간이 있었다. 그때 전직 교사 출신의 학생은 '생각하는 의자'에 아이들을 앉게 하는 것도 학대라는 의견을 제시했다. 이 기준에서 보면 우리 아이들은 많은 상처를 받으며 자라고 있다.

영유아교육 전문지에 칼럼을 쓰기 위해 아이를 둔 부모들에게 설문 조사를 한 적이 있었다. 그때 '아동학대의 개념을 신체적인 학대로만 생각해서는 안 된다. 아이들을 훈육하는 과정에서 정도를 넘어선 언어적, 정서적 학대가 심심치 않게 발생한다는 점을 인식해야 한다.'는 의견이 나왔다. 주변에서 종종 아이들을 언어적, 정서적으로 학대하는 모습을 본다. 학대까지는 아니더라도 많은 아이들이 강압적인 분위기에서 자라고 있다.

무엇을 가르치려 하기보다 편안하게 해주는 것이 가장 좋은 양육이다. 편안한 날씨에서 아이가 말로, 그림으로, 글로 자신을 다 표현할 수 있어야 한다.

부모로서 나는 아이에게 어떤 날씨일까? 따뜻한 날씨일까? 차가운 날씨일까, 폭풍우가 치는 날씨일까? 부드러운 바람일까? 세찬 바람이 부는 날씨일까? 스스로 점검해 보아야 한다.

아이의 꿈과 개인차 존중하기

가을이 되면 들판에 황금물결이 친다. 익어가는 곡식을 보고 가장 마음 뿌듯한 사람은 농부일 것이다. 농부는 이른 봄에 씨를 뿌렸기에 가을에 수확의 기쁨을 맛 볼 수 있다.

인생도 마찬가지다. 젊은 날 부지런히 씨를 뿌려야 수확할 수 있다. 눈에 보이는 씨앗만이 아니라, 지금은 눈에 보이지 않지만 먼 훗날 자양분이 될 씨앗도 뿌려야 한다. 30대보다는 20대, 20대보다는 10대, 10대보다는 인격 형성의 토대기인 아이 때 좋은 씨를 뿌린다면 인생이 더욱 풍성해지고 수확할 것도 많으리라. 아이에게 적절한 환경을 준비하고 자극을 주어 건강한 발달이 가능하도록 도와야 한다. 아이 때 인성이 형성되고, 세상을 이해하는 기본적인 틀이 만들어진다.

부모의 꿈과
아이의 꿈

여섯 자녀가 모두 예일대, 하버드대를 졸업하고 가족이 열한 개의 박사 학위 취득으로 유명한 故 고광림 박사(주미공사, 유엔대표)와 예일대 교수였던 전혜성 박사는 《섬기는 부모가 자녀를 큰 사람으로 키운다》라는 책에서 여섯 자녀는 물론 수많은 한국계 젊은이들을 세계를 움직이는 리더로 키워낸 노하우를 밝혔다. 전혜성 박사는 우리나라 부모들이 내 아이만 생각하는 것은 잘못된 경향이며, 자신의 아이 교육 노하우는 바로 덕(德)이었다고 전한다. 덕은 나만의 이익과 요구만이 아니라 남도 같이 생각하면서 공동의 가치를 추구하는 마음이다. 자녀 교육 목표가 '가슴이 따뜻한 사람'으로 길러 인류에 봉사할 세계시민이 되게 하는 것이었다고 한다.

전 박사는 진정한 리더는 태어나는 것이 아니라 만들어진다고 강조한다. 아이를 진정한 리더로 키우기 원한다면 '남을 돕고 베푸는 과정에서 아이 스스로 오히려 힘과 지혜를 얻게 된다. 부모가 먼저 남을 배려하고 봉사한다면 아이는 굳이 애쓰지 않아도 바르고 훌륭하게 자라날 것이다'라고 조언한다.

몇 년 전 하버드대 석지영 종신교수가 자서전 《내가 보고 싶은 세계》로 한국을 찾았다. 그때 그는 미국에서는 무엇이 되느냐보다 사회적으로 어떤 영향력을 미치는가를 중요시한다고 말했다. 이것 역시 전혜성 박사가 강조한 공동의 가치와 일맥상통한 내용이다. 우리 부모들도 내 아이를 나만이 아닌 공공의 선을 생각하는 사람으로 키워야 한다.

한문으로 교육(敎育)은 '부모(父)가 아이(子)를 효(孝)의 길로 기른다(育)'라는 의미도 있다. '효'란 유교에서 자연 법칙의 으뜸으로 여기는 덕목으로, 인간이라면 마땅히 지켜야 할 도리이다. 이 의미로 본다면 부모로서 내 아이를 교육하는 일은 사람의 도리를 갖추도록 하는 것이다.

아이의 관심과 흥미를 살펴라

한편 아이의 꿈을 지지하기 위해서는 아이가 어디에 관심과 흥미가 있는지를 살펴야 한다. 우리나라 부모들에게 아이가 어떤 아이가 됐으면 좋겠는지 의견을 물어본 적이 있다.

"강요는 아니지만 의사가 되었으면 한다."
"아이는 춤추는 사람이 되고 싶다고 하는데 나는 의사, 검찰, 변호사가 됐으면 좋겠다고 얘기한다."
"자기가 좋아하는 것을 할 수 있도록 경제적으로 지원하고 싶다. 의대나 법대에 갔으면 하는 바람도 있다."
"의사 같은 전문적 직업을 가졌으면 한다. 한편으로는 자기가 하고 싶은 것을 하길 바라기도 한다."
"친구들과 잘 어울리고 하는 것이 남다르고 공부도 상위권에 드는 등 다 잘했으면 좋겠다."

이에 비해 일본 부모는 다음과 같이 답변했다.

"다른 사람을 생각할 수 있는 친절한 사람이 됐으면 한다."
"나쁜 행동을 하지 않고, 다른 사람에게 피해를 주지 않는 아이. 세상에 도움이 되는 사람으로 성장했으면 한다. 특히 자신을 사랑하는 사람이 되었으면 한다."
"공부를 잘하지 못하더라도, 친절한 사람이 되었으면 한다."
"다른 사람을 배려할 줄 알고, 좋아하는 것을 찾아서 할 수 있기를 바란다."
"평생 할 수 있는 일을 찾아서 했으면 한다."

우리나라 부모들은 아이의 관심과 흥미보다 부모의 의견을 더 많이 제시하고 있다. 그에 비해 일본 부모들은 아이 입장에서 생각한다.

일본 '유치원교육요령' 첫째 줄에 유아는 환경을 통해 성장한다고 나와 있다. 환경은 물리적 환경과 인적 환경으로 나뉜다. 물리적 환경으로는 아이가 활동할 수 있는 공간, 가지고 놀 수 있는 교재 교구 등이 있다. 인적 환경으로는 부모, 또래, 교사, 이웃 등이 있다. 이러한 환경이 적절하게 갖추어져 있을 때 아이는 타고난 인지구조를 활용하여 환경과 상호작용하여 자기 발달을 이루어 간다.

지문이 다르듯 아이의 관심·흥미 모두 다르다

몇 년 전에 영국을 다녀왔다. 출국 심사를 받기 위해 길게 줄을 서서 기다리고 있었다. 그런데 한두 명이 기계가 설치된 한 곳을 통과하여 나갔다. 공항직원에게 물었더니 자동출국인식기라고 한다. 여권 사진과 지문을 등록하면 이용이 가능했다. 나도 여권 사진과 지문을 등록하고 자동심사대를 통과했다. 이 방법이 가능한 것은 사람마다 지문이 다르기 때문이다. 지문은 이미 태아 때 형성되는데 저마다 다르다.

지문이 사람마다 다르듯이 아이들의 관심 흥미도 제각각 다르다. 또한 발달 영역별로 차이가 있다. 신체·운동·정서·사회·언어·인지 등 모든 측면에서 발달의 개인차가 생기기 마련이다. 이러한 개인차를 인정하고 아이가 잘하는 것을 부모가 지지해 주어야 한다. 부모의 마음과 다르더라도 아이의 관심과 흥미를 존중해주는 편이 좋다. 아이는 이미 날 때부터 자신이 좋아하고 잘하는 것을 가지고 태어났기 때문이다. 부모는 그것을 잘 발휘하도록 도와주면 된다.

씨앗이 되는 초기경험

"특히 그의 어머니는 금쪽같은 내 아들이라며 프로이트를 믿고 사랑해 주었다. 훗날 프로이트는 그 덕분에 언제나 자신감을 가질 수 있었다고 고백한다."

캐슬린 크럴의 《프로이트 정신의 그림을 그리다》라는 책에서 나온 말이다. 정신분석학자 프로이트는 지금의 체코 지방에서 태어났다. 모직물 장수를 하던 아버지 야코프는 장성한 두 아들이 있었고 전처와 사별했다. 프로이트는 아버지가 스무 살이나 젊은 어머니 아말리아와 가정을 이룬 뒤 낳은 2남 5녀의 장남으로 태어났다. 부모는 가난했지만 그를 위해 독방을 마련해 주고, 서점에서 외상으로 책을 사도록 배려했다. 프로이트는 어머니의 믿음과 사랑으로 자신감을 갖게 되었다. 그가 네 살 때 그의 가족은 오스트리아 빈으로 이사했다.

빈으로 간 프로이트는 법학을 공부하려다 그만두고 대학에서 동물학을 공부하다 의학으로 전공을 바꿨다. 이후 병원에서 근무 중 신경학에 관심을 갖고 공부를 더 하기 위해 파리로 간다. 귀국 후 정신과 병원을 개업해 많은 임상 사례를 접했다. 이러한 임상경험을 통해 인간의 무의식이 인간 행동의 동기가 됨을 발견했다. 또한 무의식적 에너지인 리비도는 보다 큰 자극을 찾고 목표를 이루려는 생물학적 충동을 일으키는데, 이 리비도가 신체의 어느 부위에 집중되는가에 따라 인간의 발달 단계를 구강기, 항문기, 남근기, 잠복기, 생식기의 다섯 단계로 나눴다. 여기서는 아이 발달과 맞물리는 시기인 구강기, 항문기, 남근기의 특성에 대해서 살펴보자.

심리적 기초체력과 구강기·항문기

아이는 만족이 되어 기쁨을 느끼면 무엇인가를 하고자 하는 '동기'가 생기게 된다. 출생에서 1세까지는 리비도가 입에 집중되는 시기로 구강기라 한다. 이 시기는 입을 통해 적절한 만족이 되어야 하는데 결핍되거나 과잉되면 발달상 문제가 생길 수 있다.

아이에게 입을 통한 만족이란 적절한 수유를 의미한다. 프로이트도 이 시기에 수유를 통해 만족이 되는가 그렇지 않은가에 따라 긍정적인 성격의 소유자가 될 수도 있고, 반대로 부정적인 성격의 소유자가 될 수 있다고 보고 전 발달 단계상 가장 중요한 시기임을 강조했다.

 그 다음 1세에서 3세까지는 항문기라 한다. 15개월 전후가 되면 항문 부위 괄약근육이 발달한다. 이를 통해 스스로 배변을 보유했다가 방출할 수 있다. 아이의 배변 활동에 의미를 부여해야 한다. 즉 배변 활동은 아이가 자기 몸에 있는 것을 스스로 배출한다는 의미가 있다. 아이 스스로 배출해야 하는데 누군가가 강압적으로 하게 하거나 수치심을 느끼게 한다면 발달상에 문제가 생긴다. 아이가 스스로 어떤 일을 해야 하는데 다른 사람이 억지로 시키면 분노가 쌓인다. 어려서는 힘이 없어 그 분노가 상대에게 향하지 못하고 자기 내면으로 향한다. 자신을 향한 분노는 공격성을 싹 틔운다. 성장 후 힘이 생기면 내면에 쌓였던 분노가 외부로 향하면서 난폭한 성격의 소유자가 될 수 있다.

 구강기와 항문기 즉, 출생에서 3세까지를 잘 보내야 아이는 건강한 사람으로 성장할 수 있음을 알고 긍정적인 양육 방법으로 자녀를 키워야 한다.

성에 눈뜨는 남근기

 프로이트는 3세에서 5세를 남근기라 하였다. 성기에 성적 에너지인 리비도가 집중된다고 보았다. 실제로 가정에서도 이 시기에 자녀의 자위행위를 본 경우가 있을 것이다. 유치원이나 어린이집에서도 자위행위를 하는 아이가 있다.

최근에는 자위행위 강도가 높아지고 있는데 아이들이 그만큼 스트레스가 많고 불안감이 높기 때문이다. 앞에서도 말했듯이 인지적인 활동을 강조한 권위적인 분위기는 아이에게 강한 스트레스를 준다. 또 스마트폰 등 감각적인 도구가 많아져서 더 자극적인 것을 찾아야 만족하게 되었기 때문이기도 하다.

아이의 자위행위는 어른과는 차원이 다른 의미를 지닌다. 아이는 자위행위 역시 놀이의 한 가지로 생각한다. 혼자 있을 때 심심하거나, 어떤 일로 불안하거나, 자신이 하고자 하는 것을 막거나, 하고 싶지 않은 것을 억지로 시키는 어른들로 인해 스트레스를 느낄 때, 스스로 스트레스를 해소하는 방법이다. 아이가 자위행위를 할 경우는 다음과 같이 지도하도록 한다.

- 성에 대한 태도가 형성되는 시기이므로 주의하되, 수치심을 느끼지 않도록 자연스럽게 대처한다.
- 성기는 소중한 곳이므로 함부로 만지는 것이 아니라는 사실을 일러 준다.
- 불안과 스트레스를 줄여주고 다른 곳으로 에너지를 전환할 수 있도록 해 준다.
- 바깥놀이를 통해 신체적으로 에너지를 충분히 사용하게 한다.
- 아이가 원하는 것을 허락하고, 아이와 안정애착을 형성하도록 한다.

또한 이 시기는 같은 성별의 부모 역할이 중요한 시기이다. 즉 아들은 아빠, 딸은 엄마를 통해 성역할을 배우며 도덕적 행동을 자기 것으로 만들어 간다. 그러므로 부모는 모델로서의 역할을 수행해야 한다.

 벚꽃은 그 꽃잎만 분홍색이 아니고 눈에 보이지 않는 뿌리, 줄기, 가지, 이파리 등 나무 전체가 꽃잎과 같은 색이기에 아름답다. 밖으로 나오는 말뿐만이 아니라 부모의 생각, 감정 등 눈에 보이지 않는 모든 것이 바람직하여 밖으로 나오는 모범적인 행동이 아이의 본보기가 되어야 한다.
 부모는 절약하지 않으면서 아이에게 절약을 얘기한다면 '아빠는 그러지 않으면서, 엄마는 그러지 않으면서'와 같이 냉소적인 저항감만 키우게 된다. 아이는 부모가 말하는 대로 자라는 것이 아니라 부모의 등을 보면서 자란다. 부모가 모범적인 행동만 보이기는 쉽지 않지만 애쓸 필요는 있다.

건강한 자아 만들어주기

'유년기로부터 비롯된 좌절이 이후의 삶과 그가 속한 사회에 드리우는 그림자에 주목했던 에릭슨은 "유년기의 갈등은 문화적 관습과 지배계층의 견고한 지지가 유지될 때 창조적으로 바뀔 수 있다"고 강조했다.' (함혜리, '인간은 평생 변한다' 그 통찰은 유효한가, 서울신문, 2014. 1. 4.)

덴마크인으로 독일에서 태어난 정신분석학자 에릭 에릭슨은 인간 발달에서 자아 발달을 중요한 발달과업으로 본다. 그는 진로 문제로 부모와 의견이 맞지 않았다. 의사였던 아버지와 간호사였던 어머니는 의사의 길을 권했다. 에릭슨은 고등학교 때부터 그림을 잘 그려 화가가 되고 싶었으나 그 길을 포기하고 여행을 떠난다. 아마도 그는 그때 자기 자신에 대해 고민했을 것이다. 즉 무엇을 할 것인지, 나의 능력은 무엇인지 등 많은 생각을 했을 터이다. 그러한 경험이 자아 발달에 관심 갖는 계기가 되었으리라 짐작할 수 있다.

에릭슨은 인간 발달 과정을 여덟 단계로 나눴다. 각 시기별로 발달 과업을 이루기 위해 위기를 겪는다고 하였다. 출생에서 1세까지는 신뢰감을 획득하느냐, 불신감을 획득하느냐의 시기로 보았다.

신뢰감

신뢰감을 획득하기 위해서는 이 시기에 중요한 기본적인 욕구를 충족시켜주어야 한다. 이 시기의 기본적인 욕구라면 먹고, 자고, 쉬고, 배설하기 등이다. 이러한 욕구를 적절하게 일관적이고 지속적으로 지원해주어야 신뢰감이 생긴다.

먹고 싶을 때 엄마가 잘 알아서 만족시켜주면 아이는 심리적으로 편안한 감정이 생길 것이며, 엄마가 자신을 사랑해 준다는 믿음이 생긴다. 그 믿음은 주 양육자인 엄마뿐 아니라 다른 사람과의 관계에도 영향을 미친다. 엄마와 신뢰감이 형성된 아이는 세상을 믿게 된다.

기본적인 욕구가 충족되지 않으면 아이는 불편한 감정을 갖게 된다. 그러한 불편한 감정으로 인해 양육자를 신뢰하지 못하고, 다른 사람과 세상을 믿지 못한다.

부모라면 누구나 내 아이가 사람을 믿고 세상을 믿는 긍정적인 마음으로 행복하게 살아가기를 바란다. 그렇다면 출생 후 한 살 반까지 아이의 기본적인 욕구에 민감하게 반응하여 아기가 편안한 감정을 토대로 신뢰감을 쌓도록 해야 한다.

자율성

에릭슨은 두 번째 단계인 한 살 반에서 세 살까지는 자율성을 획득해야 한다고 보았다. 이 시기의 자녀는 혼자 걸을 수 있고, 자기 생각을 표현하게 되면서 스스로 뭔가 하고자 한다. 스스로 밥을 먹으려고 하고, 스스로 신발을 신고 싶어 하고, 스스로 걸으려고 한다. 누가 대신 해주거나 도와주려고 하면 '싫어 안 돼. 내가 할 거야'라고 한다. 고집이 세서 그런 것이 아니고 자율성 획득이라는 발달과업을 수행하기 위해서이다.

자기 스스로 해야만 '내가 해냈다'라는 내적 만족감이 생기고 몇 차례 스스로 해보면서 나는 할 수 있다는 자신감이 쌓인다. 이러한 내적 만족감과 자신감이 쌓여 자기 자신을 긍정적으로 생각하는 자아존중감이 생긴다.

아이가 밥을 흘리면서 먹더라도 혼자 스스로 먹을 수 있도록 배려해 주고, 신발을 거꾸로 신더라도 혼자 신도록 하고, 혹시 넘어지더라도 혼자 일어나 걷도록 해야 한다. 자율성 발달에서 중요한 것은 자녀가 어떤 일을 성취하고 성공하는 경험의 기회를 자주 갖도록 해주는 일이다. 그때 중요한 것은 스스로 성취하도록 돕는 것이다. 누군가 대신해주면 내적 만족감을 느낄 수 없고, 자신감을 가질 수 없다. 그러므로 아이가 할 수 있는 일과 수준을 파악하고 그에 맞는 활동을 제시해 주는 것이 중요하다.

주도성

에릭슨은 인간발달의 세 번째 단계인 세 살에서 다섯 살까지는 주도성을 획득해야 한다고 강조한다. 이 시기가 되면 아이는 어떤 일을 스스로 계획해서 주도적으로 하고자 한다. 이때 부모가 아이에게 스스로 할 수 있는 기회를 허용해주어야 아이의 주도성이 발달된다.

주도성이 발달된 아이는 누군가의 조정에 의해 살아가는 수동적인 인간이 아닌, 자기 삶을 스스로 계획하고 개척하는 능동적인 인간으로 살아갈 수 있다. 즉 자기 인생의 주인공이 된다. 그러한 아이의 삶이 참으로 의미 있는 삶이 된다는 사실을 부모는 잘 알고 있다. 그러니 아이의 주도성이 발달될 수 있도록 양육하고 환경을 만들어주어야 한다.

지금도 그렇지만, 아이가 성장해서 살아갈 세상은 더욱 복잡해지고 동시에 여러 가지 일을 처리해야 하는 다차원적인 세상이 될 것이다. 그런 세상을 살아가는 데 중요한 것은 무엇이겠는가? 자신에 대한 믿음이다. 그 믿음을 토대로 다른 사람, 세상과 소통할 때 자신에게 주어진 일들을 잘 처리해 갈 수 있다.

공감·수용·진정성을 가진 상담자 부모

"다른 사람을 이해하려는 것은 가치 있다. 나를 수용하고 나 자신이 되라. 솔직하라."

– 칼 로저스

인간은 누구나 자기 문제를 스스로 해결할 수 있는 능력이 있다고 생각해, 상담을 받으러 온 내담자 중심 치료법을 창안한 미국의 심리학자 칼 로저스(Carl Rogers, 1902~1987)가 있다. 로저스 이론을 동화로 예를 들어 쉽게 전하는 박성희의《동화로 열어가는 상담이야기》를 통해 상담자로서 부모의 역할에 대해 알아보자.

공감하기

더불어 함께 살아가는 사회에서 인간이 갖춰야 할 중요한 요소 중 한 가지는 공감 능력이다. 공감 능력이란 '남의 감정, 의견, 주장 따위에 대하여 자기도 그렇다고 느낌. 또는 그렇게 느끼는 기분'이라고 나와 있다. 즉 다른 사람과 생각이나 감정을 공유한다는 뜻이다.

여러 사람과 어울려서 살아갈 수밖에 없는 인간이기에 공감 능력이 있을 때라야 원만한 생활이 가능하다. 로저스도 상담자가 상담할 때 갖춰야 할 자질 중 하나로 공감 능력을 들었다. 상담자의 내면을 이해하기 위해서는 그의 입장이 되어보는 공감 능력이 중요하다고 본 것이다.

> 먼 옛날 어느 왕국의 임금에게는 사랑하는 공주가 있었다. 어느 날 공주가 하늘에 떠 있는 달을 따 달라고 한다. 그러자 임금은 신하들을 불러 모아 공주에게 달을 따주라고 어명을 내린다.
> 많은 신하들은 하늘에 떠 있는 달을 어떻게 따오느냐고 따올 수 없는 이유를 과학적으로 설명한다. 그런데 한 신하는 공주를 만나 "공주님이 생각하는 달은 어떤 달인지요?"라고 물었다. 그러자 공주는 "어떤 달이긴요. 손톱만큼 작고 노란 달이지요"라고 대답한다.

공주의 말대로 신하가 달을 만들어 갖다 주자 공주가 무척이나 행복해했다는 이 이야기와 같이 공감이란 아이의 요구를 부모의 관점에서 판단하지 말고, 아이에게 묻고 철저하게 아이의 마음속에 들어가라는 의미이다.

부모라면 누구나 내 아이가 공감 능력을 바탕으로 사회생활에 잘 적응해 나가기를 바란다. 그러기 위해서는 어려서부터 교육이 중요하다. 아이 때부터 다른 사람의 입장에 서보게 하는 '역지사지'의 관점을 갖도록 해야 한다.

무엇보다 부모 자신이 아이의 생각에 공감해 주어야 한다. 그러한 과정을 통해 아이는 자연스럽게 공감 능력을 키울 수 있다. 또 아이는 부모에게 진정으로 사랑받고 있다는 느낌을 갖고 건강하게 자랄 수 있다. 공감 능력은 모든 발달에 긍정적인 영향을 미치며 도덕성 발달의 기본 요소이기도 하다.

무조건적 수용

수용한다는 것은 아이의 말과 행동을 일단 받아들이라는 뜻이다. 부모는 자신의 잣대로 재려 하고, 부모의 틀 안에 아이가 들어오기를 원하는 경향이 있다. 다음은 그리스 신화에 나오는 이야기이다. 프로크루스테스는 길 가던 사람들을 유인해서 자신의 침대보다 큰 사람은 긴 부분을 자르고, 작은 사람은 늘렸다. 결국 자기 침대에 맞춰 모든 사람을 죽이게 되었다. 우리도 혹시 마음에 프로크루스테스의 침대를 가지고서, 내 아이의 생각과 행동을 거기에 맞추려고 하지는 않는지?

칼 로저스는 수용을 비소유적 존중, 무조건적 존중, 온정 어린 배려라고 이야기한다. 비소유적 존중이란 자신을 하나의 인격체로 소중히 하듯이 아이도 같은 가치와 대우를 받을 만한 독립된 인격체로 여기는 태도이다.

> 교토의 어느 사찰에 수도승이 있었는데 얼굴이 아주 잘 생겼다. 아랫마을에 어여쁜 처녀가 살았는데, 어느 날 임신을 했다. 그러자 처녀 아버지가 딸에게 아이의 아버지가 누구냐고 다그쳤다. 처녀는 사찰의 수도승이라고 말했다.
> 처녀 아버지는 당장 수도승을 찾아가 어떻게 그럴 수 있느냐고 따져 물었다. 그러자 수도승은 "아, 제가 그 아이의 아버지입니까?"라고 했다. 얼마 후 딸이 사실은 그 수도승이 아이의 아버지가 아니라고 고백했다. 아버지가 수도승을 다시 찾아가 백배 사죄를 했다. 그러자 수도승은 "아, 제가 그 아이의 아버지가 아닙니까?"라고 했다.

이 상황에서 보통 사람은 자신이 아이의 아버지가 아니라는 사실을 해명하려 했을 것이다. 극단적인 사례이지만 이야기의 핵심은 수도승처럼 일단 받아들이면 자연스럽게 문제는 풀린다는 교훈이다.

아이가 어떤 말과 행동을 하더라도 부모의 입장에서 판단하거나 평가하기보다, 일단 받아들이는 무조건적인 긍정을 해야 한다. 그러면 아이는 스스로 문제를 해결할 수 있으며 상황에 따라서는 부모가 문제 해결을 도와주면 된다.

진심으로 사랑하기

오스트리아의 철학자 마틴 부버는 《나와 너》에서 현대의 인간관계가 서로 인격체로 존중하는 '나와 너'의 관계가 아닌 상대를 하나의 물건처럼 여기는 '나와 그것'의 관계가 되어버렸다고 비판했다. 혹시 부모가 아이를 인격체로 존중하지 않고 '나와 그것'의 관계로 보는 건 아닌지 성찰해야 한다.

지금 우리 사회의 과도한 교육열과 소유욕은 아이에게 엄청난 스트레스를 주고 있다. 우크라이나 출신의 아동심리학자이고 《폭력의 기억, 사랑을 잃어버린 사람들》의 저자인 앨리스 밀러는 잘못된 부모는 영혼의 살인자라고까지 표현했다. 내 아이를 부모 방식대로 사랑할 것이 아니라 아이의 마음을 헤아려 진심으로 사랑해야 한다.

> 먹고 살기 힘든 어떤 아저씨가 벙어리 흉내를 내면서 이집 저집 떠돌아다녔다. 어느 집에 갔더니 안주인이 한 상 차려주어서 잘 먹고 나오려던 차였다. 안주인은 옷을 한 벌 주면서 남편 옷인데 입지 않는 옷이니 입고 가라 했다. 벙어리 아저씨가 계절이 지난 바랜 옷을 입고 있었기 때문이다.
> 잘 먹고 갔던 벙어리 아저씨가 다음 날 그 집에 또 찾아갔다. 그리고 "사실은 제가 벙어리가 아닌데 하도 먹고 살기가 힘들어서 벙어리 흉내를 내면서 얻어먹으러 다녔습니다. 그런데 당신이 저를 진심으로 대

해 주어서 열심히 살아가기로 했습니다." 하는 인사를 남기고 떠났다.

이 이야기에서 두 가지 시사점을 얻을 수 있다. 먼저 진심으로 상대를 대했을 때 상대는 변한다는 점이다. 또 하나는 온 마음으로 상대를 보면 상대가 요구하는 것뿐 아니라 상대가 필요로 하는 것이 보인다는 사실이다. 안주인이 진심으로 벙어리 아저씨를 생각했기에 계절이 지난 옷이 눈에 보였다. 진심이 결국 상대를 변화시켰다.

부모도 진심으로 아이의 말과 행동을 관찰하고 요구하는 바를 파악해서 들어줘야 한다. 그 진심은 반드시 통한다. 백마디 말보다 그 진심이 아이의 행동을 변화시킬 것이다.

아이 발달의 잊힌 공헌자, 아빠

"유년기에 아버지의 보호만큼 강력하게 필요한 것은 없었다."

– 프로이트

 최근에 아빠들의 양육 참여와 아이 발달에 관한 체험을 듣는 기회가 있었다. 많은 얘기 중 '아이가 유치원에 다니던 때 아빠와 함께 가족 캠핑을 간 적이 있어요. 중학생이 된 아들이 지금도 그 추억 속의 아빠를 좋은 이미지로 떠올리며 환한 얼굴로 얘기해요'라는 경험담이 인상적이었다.

 내가 가장 그리워하는 사람은 돌아가신 아버지이다. '아버지! 뒷동산의 바위 같은 이름이다./ 시골마을의 느티나무와 같은 크나큰 이름이다.(작자 미상, 아버지란 누구인가)'와 같이, 아버지는 내 가슴에 새겨져 있다.

아버지는 야단을 치지 않고 늘 사랑으로 대해 주셨다. 내가 학교를 파하고 귀가하는 시간에 맞춰 마을 어귀에 기다리고 계시다가, 나를 만나면 말없이 뒷짐을 지고 앞서 걸어가셨다. 지금도 그 모습이 눈앞에 선하고 늘 따뜻한 풍경으로 가슴에 남아 있다.

아빠의 양육 참여는
아이의 발달에 긍정적

심리학에서 '방어기제'가 있다. '방어기제'란 한 개인이 불안을 극복하고 손상된 자아를 회복하기 위해 자신도 모르게 사용하는 것이다. '방어기제' 중 '종로에서 뺨 맞고 한강에서 화풀이 한다'는 속담과 같은 상황을 '치환'이라 한다. 자기가 진짜로 원하는 사람에게 접근하기 어려울 때 다른 사람에게 에너지를 분출하는 방법이다. 예를 들어, 남편이 늦게 들어오면 엄마가 화가 나서 괜히 아이에게 화내는 경우이다.

대상중심이론에서는 태어난 이후 36개월까지 양육자와의 관계를 중요시한다. 이 이론을 만든 故 임종렬 박사는 《모신》에서 '아이를 잘 기르지 못하는 어머니는 일반적으로 아버지와의 관계가 좋지 않은 사람이다.'라고 말한다. 그는 아빠가 할 일은 병풍으로서의 역할이라고 제시한다. 0에서 3세까지 아이는 한 양육자와의 관계를 통한 애착 형성이 중요한 시기이다. 그러므로 엄마가 아이를 주로 돌보는 상황이라면 아빠는 엄마가 즐거운 마음으로 양육을 할 수 있게 해주는 병풍 역할을 해야 한다는 얘기다. 만약 아빠가 아이를 주로 돌보는 양육자라면 엄마가 아빠처럼 병풍 역할을 하는 것이 아이 발달에 바람직하다고 볼 수 있다.

3세 이후에는 아빠가 아이 양육에 보다 직접적이고 구체적으로 관여할 필요가 있다. 연구결과에 의하면, 아빠가 아이 양육에 참여하면 아이의 사회성, 도덕성, 신체·운동, 언어발달에 긍정적인 영향을 준다. 이를 '아빠 효과'라 한다. '아빠 효과'라는 말은 영국 국립 아동발달연구소에서 사회적으로 유능하고 행복한 가정생활을 하는 사람들이 아빠와의 교류가 많았다는 공통점을 발견한 데서 비롯됐다.

우리나라 아빠의 양육 참여는 아직 낮은 편이다. 몇 년 전 한국, 일본, 대만 아빠의 자녀양육 참여에 관한 비교 조사를 한 적이 있다. 한국 아빠들이 가사분담, 양육 참여, 가족과 함께 식사하는 시간 등이 가장 적었다.

일본에서는 육아와 가사를 함께 하는 아빠를 '이쿠맨'이라 하는데, 젊은 여성들이 이쿠맨을 결혼 조건으로 내세울 정도로 인기라고 한다. 그만큼 아빠들의 양육 참여율이 높아지고 있다. 또 각 지자체에서는 '아빠 수첩'이나 '아빠 육아 가이드' 등을 만들어 육아의 노하우를 제시해주고 있다. '쉬는 날에는 공원에 같이 가서 공놀이를 하면서 놀아요'라고 말한 5세 아이를 둔 아빠처럼, 야외 활동이나 장난감 놀이, 만들기, 공연 관람, 자전거 타기 등을 하며 아이들과 함께 하는 시간을 보낸다.

부모교육 참여 후
180도 바뀐 아빠들

어린이집 원장을 하는 제자에게 아버지 대상 부모교육 팁을 주고 진행해 보라고 권한 적이 있다. 그랬더니 부모교육을 하고 나서 다음과 같이 전해준다.

"아빠들이 180도 바뀌었어요. 전에는 어린이집 행사에 전혀 관심 없던 아빠들이 부모교육을 받은 후 먼저 도와줄 일이 없는지 물어요. 종종 아이들 의자나 장난감도 만들어 주는 등 아주 적극적이에요."

아는 만큼 보인다는 말과 같이, 아빠들이 부모교육을 통해 영유아기가 중요하다는 사실을 알게 되었다. 또 아이 발달이 중요한 이 시기에 아빠의 양육 참여가 긍정적인 영향을 끼친다는 사실을 배우고 나서 바뀌었다.

유치원이나 어린이집에 부모교육을 가면 종종 아빠들의 모습도 보인다. 아빠들은 어떻게 놀아줘야 하는지, 엄마와 의견이 맞지 않을 때는 어떻게 해야 하는지 등에 대해 적극적으로 질문한다.

이 사례에서 알 수 있듯이 아빠에게 부성(父性)이 없는 것은 아니다. 잠들어 있는 부성을 깨울 필요가 있다. 매주 수요일 가족의 날에 아빠가 일찍 퇴근하여 아이 양육을 함께 할 수 있도록 직장 문화도 달라져야 한다.

마이너스가 아니라
시너지

아빠와 엄마가 아이 양육을 분담해서 할 때는 뇌 구조에 따른 남녀의 차이를 이해할 필요도 있다. 대체로 여성은 공감 능력이 뛰어나고, 남성은 체계적이다. 이를 감안하여 적절한 역할 분담을 하는 것이 바람직하다.

아빠들은 종종 아이들과 어떻게 놀아주어야 할지 잘 모르겠다고 상담해 온다. 최근에는 관련 기관에서 아이와 함께 놀아주기 정보를 제공해주거나 프로그램을 운영하기도 한다. 예를 들어 각 보건소에 비치된 '아빠라서 행복해요.', 육아종합지원센터의 '아빠랑 놀자, 아버지 교육', 건강가정지원센터의 '놀이 프로그램' 등을 활용하면 좋다.

주말에는 바깥에 나가 자연 속에서 신나게 함께 뛰어 다니고, 물장구를 치며 같이 놀아주고, 퇴근 후에는 집에서 발 위나 배 위에 태워주고, 함께 목욕을 하며 때를 밀어주고, 잠자리에 들기 전에 동화책을 읽어주던 아빠의 모습을 아이는 평생 간직하며 건강하게 성장할 것이다.

다음은 다니엘 월러스의 소설《큰 물고기》에 나오는 아버지와 아들의 대화이다.

"진정 사람을 위대하게 만드는 것이 무엇인지 너는 아니?"

"한 남자가 자기 아들의 사랑을 받았다고 한다면, 그 사람은 위대하다고 해도 좋지 않을까요?"

아이의 사랑과 존경을 받을 수 있는 아버지라면 충분히 위대한 삶을 산 사람이라 해도 좋다. 어렸을 때부터 아빠의 양육 참여가 아이의 사랑과 존경을 받을 수 있는 한 가지 조건이 되리라 본다.

아이에게 가장 중요한 시기인 취학 전까지만이라도 아빠의 적극적인 양육 참여를 기대하는 것은 지나친 욕심일까?

캥거루족
부모입니까?

"교수님, 안녕하세요? 저 ○○○엄마인데요. 왜 저희 아이 학점이 F가 나왔는지 모르겠어서요. 출석을 다 했는데도 이렇게 나올 수가 있나요?"

지난 학기에 23세 대학생 엄마에게 받은 전화이다. 종종 학생 엄마에게 전화를 받는다는 동료 교수의 얘기를 들은 적이 있지만, 나는 처음이었다. 본인이 전화를 해야지 왜 엄마가 전화를 하느냐, 학생이 전화하면 자세한 내용을 알려주겠다고 했다.

심지어 요즘은 엄마가 입사에 관여한다는 얘기를 들었다. 입사철이 되면 대기업 인사팀 직원들 고민 중 하나가 탈락한 지원자 부모 중, 일부의 전화에 응대하는 일이란다.

의존하게 만드는 부모

한 초등학교 선생님이 4학년 담임을 맡고 있을 때, 한 아이가 정리 정돈을 하지 않아서 주변 친구들이 불평불만이 많았다고 한다. 같은 학교에 다니는 6학년 누나가 가끔 동생 교실에 와서 정리 정돈을 해 주고 갔는데 정작 그 아이는 이렇게 말했단다. "집에서는 엄마가 다 해줘요. 우리 엄마는 공부만 잘하면 된대요."

과연 공부만 잘하면 되는 것일까? 내 아이를 잘 키운다는 것은 어떤 것일까? 아이 스스로 자기 삶을 개척하며 살아가도록 키우는 것이 아닐까 한다.

최근 대학생들과 주로 생활을 하면서 드는 생각 중에 하나는 요즈음 젊은이들이 의존적이고 상대적으로 도전의식은 많이 부족하다는 것이다. 모든 학생들이 그런 것은 아니지만 요즘 강의실에 들어가면 실내가 상당히 어두운데도 아무도 전깃불을 켜지 않고 그냥 자리에 앉아 스마트폰만 들여다보고 있다. 스위치 옆에 앉아 있는 학생에게 불 좀 켜라는 얘기를 해야 간신히 불을 켠다. 강의실이 어두우면 누군가 가서 불을 켜면 될 텐데 스마트폰에 빠져 있다. 그래서 매학기 과목별로 수강하는 학생 중 조교를 한 명 뽑아 수업 분위기 조성을 부탁한다.

다 큰 성인인 대학생의 모습이 이러한 데에는 부모의 양육태도가 한몫했다고 본다. 대부분 아이가 하나나 둘이다 보니 아이에게 무슨 일이 생기면 부모가 그냥 해결해 주는 경우가 많다. 그러다 보니 성인이 되어서도 자율적으로 상황을 판단해서 행동하기보다는 수동적이다.

정신과 전문의인 이시형 박사는 필요한 도움은 주되 혼자 서게 하라고 했다. 이처럼 부모로서 내 아이를 잘 키우려면 아이가 자신을 삶을 살아가도록 지지하고 응원해주면 된다.

과잉보호는
독이다

조카를 만난 지인의 이야기다. 3세 아이인데 혼자서 밥을 먹지 못하고 대소변도 볼 줄 모른단다. 또 바닥에 앉지 않고 늘 사람의 무릎에만 앉으려고 한단다. 그 조카의 엄마인 사촌이 뒤늦게 아이를 가져서 모든 것을 엄마가 해주고 아이를 늘 무릎에 앉혔기 때문이다.

아이를 향한 부모의 지나친 사랑, 과보호가 자율성과 주도성을 획득하지 못한 무능력한 아이로 만들어 버렸다. 아이를 정말 위하는 길이, 진정한 아이 사랑이 무엇인지 부모는 생각해야 한다. 화분도 물을 지나치게 많이 주면 뿌리가 썩고 만다.

대학원 강의 때 수업을 받던 영양 교사에게 들은 이야기다. 영양을 고려해 식단을 짜서 제공하면 아이들은 좋아하는 것만 먹고 음식을 많이 남긴다고 한다. 학부모들은 왜 아이들이 좋아하는 것을 주지 않느냐고 문제제기를 한단다. 그래서 영양가는 떨어지지만, 아이들이 좋아하는 식단을 짜는 경우도 종종 생긴다고 했다. 아이들의 건강은 생각하지 않고 아이들이 좋아하는 것만 주라고 하는 부모들의 생각이 문제다.

1995년, 나는 일본으로 공부하러 떠났다. 출국 전 지인들에게 인사를 다니는데, 한 은사님께서 '자네는 사막에 내놔도 혼자 살아갈 사람이네.' 하셨다. 내가 독립적으로 살아갈 수 있는 힘을 갖게 된 것은 역시 부모님의 사랑과 지지 덕분이다. 내 가슴 속에는 부모라는 존재가 크게 자리 잡고 있다. 힘들 때 나는 늘 부모님을 떠올렸다. 부모가 충분히 사랑해 주고 그 사랑에 대한 확신이 있을 때 아이는 홀로 자신의 삶을 살아갈 수 있다.

진정으로 아이를 위하는 방법

아이를 키워보신 분들은 아이의 놀라운 행동과 언어적인 표현을 보고 '우리 아이가 천재가 아닌가?'라는 생각을 해본 적이 있을 것이다. 최근에 많은 과학적인 연구에서 밝혀졌듯이 아이들은 백지로 태어나는 것이 아니라 능력을 가지고 태어난다. 그렇다면 부모는 아이의 타고난 능력을 어떻게 키워줄 수 있을까?

첫째, 아이의 능력을 믿어주는 것이다.

일반적으로 교육이라고 하면 무엇인가를 가르쳐서 집어넣는다고 생각한다. 그러나 교육의 원리는 아이가 가진 능력을 믿고 그 능력을 밖으로 이끌어 내는 데 있다.

둘째, 환경 조성이다.

아이가 가진 능력을 이끌어 내기 위해서는 아이가 호기심을 느끼고 탐색하고자 하는 환경을 만들어 주어야 한다. 아이들은 환경과의 상호작용을 통해서 자신이 지닌 능력을 키워간다.

셋째, 기대하는 것이다.

심리학 용어로 '피그말리온 효과'가 있다. 피그말리온은 그리스 신화에 나오는 키프로스의 왕이다. 그는 아름다운 여인을 조각한다. 그 여인과 사랑을 나누며 살기를 간절히 원한다. 그의 마음을 받아들여 아프로디테 여신이 여인조각상에 생명을 불어넣어 준다. 덕분에 그는 자신이 조각한 여인과 행복하게 살았다는 이야기이다. 피그말리온 효과는 신화에서 유래한 용어지만, 이를 과학적으로 뒷받침한 '로젠탈 효과'가 있다.

기대와 칭찬의 힘

1968년 하버드대학 로버트 로젠탈 교수 등이 초등학교 학생들을 대상으로 지능검사를 실시했다. 교사에게 검사 대상의 20%는 지능이 높은 학생들이라고 명단을 건네주고, 8개월 후 다시 검사를 실시했다. 그랬더니 실제로 성적이 좋아졌다. 그런데 사실 20%는 잘하는 학생만 뽑은 것이 아니라 무작정 뽑았다.

두 가지 이야기가 우리에게 주는 시사점은 무엇일까? '피그말리온 효과'는 기대를 하고 간절히 원하면 이루어진다는 의미이다. '로젠탈 효과'가 일어난 것은 교사가 명단에 적힌 아이들은 지능이 높아 공부를 잘할 것이라는 믿음을 가졌던 덕분이다. 그래서 혹시 학생들이 실패를 하거나 잘못된 행동을 하더라도 기대하며 칭찬했을 것이다. 그랬더니 실제로 좋은 결과가 나왔다.

자기 인생을 함부로 살고 싶은 사람은 없다. 다 잘 살고 싶고 행복을 꿈꾼다. 내 아이도 마찬가지다. 스스로 살아갈 수 있는 아이의 적응력을 지지하고 응원하자. 때로는 파도에 부딪히고, 비를 맞기도 하겠지만 그러한 것을 겪고 스스로 이겨낼 때 진정한 행복을 맛볼 수 있으니, 내 아이를 믿어주고 기대하도록 하자.

생텍쥐페리가 배 만드는 법을 가르쳐주려고 하기보다는 멀리 있는 바다를 꿈꾸게 하라고 말했듯이 내 아이가 저 넓은 시원(始源)의 바다를 그리워하게 해주면 어떨까.

부모가 읽어야 할
13가지 신호

1. 부모를 가리키는 일본 한자 親은 나무 위에서 지켜본다는 뜻을 지니고 있다. 부모는 아이에게 선택받은 존재이다. 양육에 가치와 의미를 부여하고 자긍심과 행복감을 갖자. 아이의 능력은 믿어주자.

2. 아는 만큼 보인다는 말이 있다. 부모는 무조건적으로 아이 교육에 매달릴 것이 아니라 아이 발달에 대해 먼저 알고 무엇이 중요한지 생각해야 한다.

3. 아이 스스로 할 수 있도록 기다려주자. 밥을 흘리고 먹더라도 스스로 먹을 수 있도록 해야 한다. 그때 아이는 '내가 해냈다'는 만족감으로 자신을 긍정적으로 받아들이게 된다.

4. 부모의 잘못된 자녀관과 교육관이 아이에게 스트레스를 주고 행복이 아니라 불행과 짝짓게 하는 경우가 많다. 아이를 존중하고 진정으로 사랑하자.

5. 아이들에게 무언가를 '해 보고 싶다'라는 의욕을 갖게 해주는 데는 칭찬이 효과적이다. 그런데 아이는 진짜 칭찬과 가짜 칭찬을 구별할 수 있다. 동기유발에는 진짜 칭찬이 효과가 있다.

6. 부모도 따뜻하고 섬세한 눈을 가진 시인과 같이 아이들을 지켜보고 응원하자.

7. 나는 아이에게 어떤 날씨인가? 차가운 날씨인가, 냉랭한 날씨인가, 따뜻한 날씨인가? 아이가 부모를 부드럽고 따뜻한 날씨로 느끼게 하자.

8. 부모의 욕심과 체면을 위해 아이를 키워서는 안 된다. 아이가 자신이 잘 할 수 있는 것을 하도록 환경을 갖춰주고, 지켜보고 응원하자.

9. 1세까지는 수유를 적절하게 해 주고, 1세~3세는 배변 습관을 통해 자기 조절력을 키워주고, 3세~5세는 같은 성의 부모를 통해 도덕성, 성역할 등을 배우게 한다.

10. 1세 반까지는 아이의 기본적인 욕구를 만족시켜주고, 1세 반에서 3세까지는 스스로 하도록 하고, 3세에서 5세까지는 아이가 계획을 세워하도록 해야 건강하게 자란다.

11. 부모 마음대로 판단하지 말고 아이의 생각을 물어보고, 어떤 상황이든 가능하면 무조건적으로 일단 받아주고, 아이의 마음과 일치하도록 하고 진심으로 대해야 한다.

12. 많은 연구 결과, 아빠의 양육 참여는 아이 발달에 긍정적인 영향을 끼친다. 영아기 때 엄마가 주 양육자라면 아빠가 엄마의 병풍역할을 해주고, 유아기 때는 적극적으로 아이와 함께 시간을 보내도록 한다.

13. 아이를 잘 키운다는 것은 스스로 이 세상을 살아가게 하는 것이 아닐까? 부모가 결코 아이의 삶을 대신 살아갈 수 없고, 살아가서도 안 된다. 아이가 자신의 삶을 살아가도록 하자.

부록

아이 발달,
더 재미있고 더
깊이 이해하기

Tip 1 아이를 위해 부모가 감상하면 좋은 영상

〈아기성장보고서〉, EBS

세상을 향해 첫 걸음을 내딛는 아이들의 신비로운 성장 과정을 담아 시청자들에게 폭발적 반응을 얻었고, 여러 상을 수상하였다. 과학적 연구 결과를 기초로 아이 성장의 숨겨진 비밀을 다양한 시뮬레이션 실험을 통해 분석, 재구성하고, 세계적인 석학 15여 명을 직접 취재해 신뢰도를 높인 다큐멘터리이다.

제1부 세상을 향한 첫걸음

탄생의 순간, 생명활동이 가능한 최소한의 조건을 갖고 태어난 후 성장해가는 과정을 뇌, 운동 발달 등과 연관 지어 분석한다. 아이는 선천적으로 인간으로서 생명활동을 유지하도록 프로그래밍 되어 있으며, 누가 가르쳐주지 않아도 내재된 프로그램에 따라 성장해 간다.

제2부 아기는 과학자로 태어난다

아이는 세상을 탐색할 수 있는 인지능력과 스스로의 힘으로 학습할 수 있는 능력을 가지고 태어난다. 이러한 능력으로 아이는 스스로 주변 사물을 탐색하면서 성장한다. 따라서 아이에게 가장 필요한 것은 가르침이 아니라 스스로의 힘으로 탐험할 수 있는 기회이다.

제3부 애착, 행복한 아이를 만드는 조건

애착이란 양육자, 주로 엄마와 아이 사이에 형성되는 신뢰감이다. 아이 때 형성된 엄마와의 애착관계가 평생 인간관계의 기초가 된다. 안정애착을 위해서는 아이와 끊임없는 소통 및 접촉을 해야 하며, 아이가 원하는 것에 곧바로 반응해야 한다.

제4부 언어습득의 비밀

아이는 놀라운 언어습득 능력을 지니고 태어난다. 말을 터득하지 못한 12개월 전후에는 '베이비사인'이라는 아이들만의 제스처로 의사소통을 시도한다. 그 후 한 사물에는 하나의 단어만 있다는 단순한 믿음으로 인해 빠른 속도로 단어를 습득해 나간다. 많이, 자주 이야기를 들려주고 책을 읽어주면서 아이와 상호 교감하는 것이 아이의 언어발달에 좋은 영향을 미친다.

제5부 육아의 키워드, 기질

기질은 곧 성격으로 이어지는데, 같은 기질의 아이라도 부모가 어떻게 키우느냐에 따라 성격이 달라질 수 있다. 즉 여러 환경요인에 따라 아이의 성격과 행동이 판이하게 달라질 수 있다는 말이다. 성격은 유전과 환경이 각자 영향을 주고받으며 형성된다. 따라서 부모는 아이의 기질을 제대로 파악하고 그에 맞는 양육법을 적용해야 한다.

<아이의 사생활>, EBS

취재기간 1년, 설문조사 참여 인원 4,200명, 실험 참여 어린이 500명, 국내외 자문교수 70명에 이르는 대기획이다. 아이들의 특징을 실험과 세계적인 석학들의 자문을 통해 과학적으로 증명한 다큐멘터리이다.

제1부 남과 여

흔히 딸은 키우기 쉬운데 아들은 키우기 어렵다고들 한다. 그렇다면 그것은 엄마가 여성이기 때문에 동성의 아이를 더 잘 이해하기 때문은 아닐까? 여기에서 아들과 딸에 대한 교육적 접근을 달리 해야 한다는 가설이 시작된다. 아들과 딸, 즉 남과 여는 어떻게 다를까? 그 비밀을 최초로 풀어본다.

제2부 도덕성

아직도 풀리지 않은 인간에 대한 마지막 수수께끼. 도덕지수와 경쟁력, 행복지수에 관한 새로운 심리학 연구를 최초의 프로그램으로 만난다. 도덕지수가 높으면 왜 행복해지는지를 과학으로 보여준다.

제3부 자아존중감

부모의 말 한마디가 아이의 '그것'을 결정했다. 리더십? 성취욕? 이해력? 모든 건 그것이 결정했다. 가장 사소한 것 같지만, 가장 깊숙한 곳에서 인간을 조종하는 그것 즉, 자아존중감에 대해 들려준다.

제4부 다중지능

20세기 화가를 대표하는 거장 피카소, 그는 우둔하다는 평을 듣는 학습 부진아였다. 왜 인간의 머리는 하나를 잘하면 하나는 못하는가. 뇌의 명령을 따르지 않은 불행한 사람들, 그들의 불행한 짝짓기는 지금 당신의 이야기이자 당신 아이의 미래에 대한 이야기이다.

제5부 나는 누구인가?

남과 여, 도덕성, 자아존중감, 다중지능이라는 네 가지 영역 탐구를 마치며 가장 근본적인 질문인 '나를 진정 나답게 만드는 것'은 무엇인지 생각해 본다. 종합편이라 할 수 있는 5부에서 전문가의 도움으로 만들어진 진단법을 쉽게 풀어 제시하여 아이의 본질을 찾아 가는 길을 안내한다.

〈퍼펙트 베이비〉, EBS

실험 증명을 기반으로 하면서도 이해하기 쉽게 스토리텔링의 원칙에 따른 다큐멘터리이다. 아이가 하고자 하는 것을 따라감으로써 자연스럽게 아이의 놀라운 능력을 증명하고, 아이가 좌절했을 때 원인이 무엇인지 실험으로 밝혀냈다.

제1부 태아 프로그래밍

전통 유전학을 뒤엎는 후성유전학의 놀라운 발견에 대한 이야기다. 많은 사람들이 부모로부터 받은 '유전자' 그리고 '태어난 이후의 환경'이 건강을 결정한다고 믿는다. 하지만 그것이 전부가 아니다. 우리가 미처 생각하지 못했던 강력한 요인이 또 있다. 바로 누구나 경험했지만 기억조차도 할 수 없는 엄마 뱃속에서의 9개월이다.

제2부 감정조절 능력

감정조절 능력이란 불편한 감정이 생겼을 때 재빨리 긍정적인 감정으로 되돌리는 능력을 의미한다. 이 능력이 부족하면 사람과의 관계를 원만히 맺기 힘들 뿐만 아니라 새로운 지식을 학습하는 데도 어려움을 겪는다. 무엇이 태어난 지 불과 1년 된 아이들 사이에 감정조절 능력의 차이를 만들어 내는지 알아본다.

제3부 공감, 인간관계의 뿌리

부모라면 누구나 아이가 친구들과 잘 지내기를 바란다. 어떤 아이들이 친구들로부터 인기가 많을까? 바로 공감 능력이 있는 아이다. 조사 결과 인기 많은 아이들은 기본적으로 남의 마음을 읽는 능력이 뛰어나다. 여기에서는 아이가 공감 능력을 키워 가는 과정 그리고 성장하면서 차이가 나는 요인과 시기에 대해 규명한다.

제4부 동기, 배움의 씨앗

아이들의 탐구 정신은 끊임없이 실험하고 검증하는 과학자의 모습과 비슷하다. 그런데 한때 무엇이든 배울 태세가 되어 있던 아이들 중의 일부는 점차 배움에 대한 '동기'를 잃게 된다. 무엇이 아이들

사이에 '동기'의 차이를 만들어 내는 것인지 알아본다.

제5부 행복한 아이 프로젝트

아이가 건강한 신체를 지니고 정서가 풍부하며 자기 동기를 갖고 주도적으로 배워나가는 것은 많은 부모의 소망이다. 충분한 애정을 주고 과도한 욕심을 부리지 않는 것이 스스로 행복을 찾아가는 아이를 만든 원동력이다. 좋은 부모가 되기 위한 실전편이다.

Tip 2 아이를 위해 부모가 읽어야 할 도서 추천

서유헌, 《내 아이의 미래가 달라지는 엄마표 뇌교육》

뇌 분야의 권위자인 서울대학교 서유헌 교수가 아이들의 뇌 속에 감추어진 비밀을 공개한다. 저자는 뇌의 차이로 사람마다 지능, 이성, 적성, 감성 등이 달라지기 때문에 뇌 부위 별 최적의 발달시기에 맞는 '적기 교육'을 해야 한다고 강조한다.

존 메디나, 최성애 역, 《베이비 브레인》

0세에서 5세까지의 '공감'과 '감정'이 중심이 되는 두뇌 교육의 중요성을 강조한다. 또한 충동을 잘 조절하고 두뇌를 골고루 발달시킬 수 있는 두뇌 법칙을 제시해 주고 있다.

김주환, 《회복탄력성》

회복탄력성(resilience)란 제자리로 돌아오는 힘을 일컫는 말이다. 심리학에서는 주로 시련이나 고난을 이겨내는 긍정적인 힘을 의미할 때 쓴다. 최근 아이 발달과 관련하여 주목받는 개념이다. 시련과 고난을 이겨낸 사람들이 높고 견고한 회복탄력성을 지녔음을 뇌파 실험을 통해 입증해 보인다.

최성애, 《회복탄력성》

심리치유 전문가인 저자는 회복탄력성을 다양한 치유 프로그램과 연계, 전파해 왔다. 미국 하트매스 연구소와의 협약 하에 다양한 환경에서 누적

된 스트레스로 힘들어하는 사람들이 자신의 회복탄성력을 향상시켜 보다 행복해질 수 있는 과학적인 방법을 흥미롭게 소개한다.

최명선 외 2인, 《사회성이 부족한 아이 돕기》

아이의 다양한 증상 뒤에는 '애착'이라는 중요한 요인이 있다고 보고, 전문가들의 실질적인 노하우와 함께 공감할 수 있는 구체적인 사례를 담고 있다.

이원영, 《100년 후에도 변하지 않는 소중한 육아 지혜》

세 아이의 엄마로서, 이제는 손주를 키우는 '할머니 엄마'로서 31년째 유아교육과 교수로 재직해 온 유아교육전문가가 새로운 세대의 젊은 부모들을 위해《젊은 엄마를 위하여》를 새롭게 고쳐 쓴 책이다.

김중술, 《사랑의 의미》

자신을 사랑하고 타인을 수용하며 아름다운 사랑을 만들어 갈 수 있도록 도와주는 지침서이다. 저자는 각자가 생각하는 사랑의 의미와 행동 양식이 일치해야 서로를 만족시키고 오래 지속되는 사랑을 할 수 있다고 주장한다. 애착에 관한 사례 보고로 책상에 비치해 두고 평생 보아도 좋을 책이다.

제레미 홈즈, 이경숙 역, 《존 볼비와 애착이론》

애착이론의 다양한 내용을 구체적으로 다루고 있어, 학문적 도움과 감동적 경험을 함께 제공한다. 자신의 애착문제를 되돌아보고 자녀와의 애착

관계를 개선하고자 하는 부모들에게 도움을 준다.

최명선 외 2인, 《엄마와 아이 애착 다지기》

애착의 특성과 원인, 그리고 측정 방법을 알아보고 구체적 예방과 대처 방안을 소개한다. '완벽한 엄마'보다는 '충분히 좋은 엄마'가 되어야 함을 일깨우고 있다.

EBS 파더쇼크 제작팀, 《파더쇼크》

30여 년간 동서양에서 이뤄진 '부성'에 관한 연구를 총망라해 자신을 비롯해 아이와 가족의 행복을 위해 아버지들이 추구해야 할 진정한 아버지상이 무엇인지 제시한다.

노경선, 《아이를 잘 키운다는 것》

소아정신과 분야에서 명의로 손꼽히는 저자가 40여 년간에 걸친 임상 실험을 바탕으로, 아이들의 심리와 인성발달에 대해 짚어주는 자녀교육서다. 아이들의 인성발달 과정을 심리학, 소아정신학, 두뇌과학에 근거해 설명한다.

스티브 비덜프, 이승희 역, 《3살까지는 엄마가 키워라》

세계적인 아동심리학자이자 부모학의 권위자인 저자가 내놓은 자녀교육서로, 일과 양육을 놓고 고민하는 부모들에게 최선의 양육법을 제안한다. 그 방법은 엄마가 직접 아이를 키우는 것. 자칫 주관적으로 비춰질 수 있는 저자의 주장이 객관적인 증거를 바탕으로 상세하게 서술되어 있다.

조지 베일런트, 이덕남 역, 《행복의 조건》
행복하고 건강한 삶에도 법칙이 있을까? 건강한 인간의 전 생애에 걸친 전향적 연구로서 세계적인 권위를 지닌 '하버드대학교 성인발달 연구'를 바탕으로 한다. 이 책은 과학적 데이터를 뛰어넘는 극적인 기록들과 가슴 깊은 곳을 울리는 깨달음을 준다.

임종렬, 《모신》
개인상담, 가족상담 등의 전문가인 저자는 모든 사람에게는 그들의 엄마가 '신'과 다름없음을 일깨워준다. 아울러 아이의 운명을 관리하는 엄마로 거듭나는 방법을 가르쳐준다.

버지니아 액슬린, 주정일·이원영 역, 《딥스》
실화를 바탕으로 부모의 섣부른 기대에 가로막혀 자신을 숨겨야만 했던 아이를 온몸으로 자유롭게 표현할 수 있게 이끌어주는 '놀이치료' 과정을 생생하고 감동적으로 그려냈다. 영유아교육, 아동학 관련자의 필독서이자 부모도 꼭 읽어볼 가치가 있는 책이다.

토리 헤이든, 주정일 역, 《한 아이》
험난한 삶에도 굴하지 않고 살아 나가는 강인한 한 아이의 모습을 그리고 있다. 겨우 여섯 살 난 아이 쉴라는 절대 말을 하지 않고 울지도 않으며 눈은 항상 분노로 이글거린다. 결국 특수학급에 배치된 그녀를 치료해 가는 이야기이다.

주정일, 《한국의 딥스, 영수 이야기》
태아 때부터 심한 정서적 불안을 안고 태어난 영수가 놀이를 통해 자폐증을 치료해 가는 과정을 상세하게 설명한 책이다. 치료자는 아이가 원할 때 엄마처럼 자신의 젖을 물려주기도 했던 감동적인 이야기까지 들려준다.

강진령 외, 《반항적인 아동 청소년 상담》
아동 청소년 상담의 기초적이고 전반적인 내용을 학습할 수 있도록 체계적으로 구성한 책으로 부모들에게도 많은 도움이 될 수 있어 권장한다.

아보 도오로 외, 신은주 역, 《첫아이 면역력 육아법》
약 없이, 의사 없이도 아이를 건강하게 키울 수 있는 면역력 육아법을 정리해 초보엄마들이 집에서 할 수 있는 간단한 방법들을 조목조목 알려주고 있다. 잘못 알고 있는 육아상식은 물론 임신부터 출산, 생후 3세까지 엄마들이 손쉽게 해볼 수 있는 면역력 육아법을 담고 있다.

사사키 마사미, 김난주 역, 《부모가 된다는 것의 의미》
소아 정신과 전문의이자 아동 전문 카운슬러의 30년 간 임상 경험을 바탕으로 쓴 육아 전문서다. 육아에 임하는 부모의 기본자세부터 각 발달 단계별 부모의 역할에 이르기까지, 아이들의 성장 과정 전체에 대해 구체적이고 실질적인 육아의 지혜를 알려준다.

손석한, 《부모와 아이 마음 간격 1mm》
무분별한 인터넷 사용과 컴퓨터 게임, 공부에 관한 경쟁으로 내몰린 아이들의 정신적 장애 사례와 아동기에 느끼는 스트레스를 다룬다. 가정에서 부모들이 직접 치유할 수 있는 해결책을 설명하고 아이와 부모의 마음 간격을 줄일 수 있는 방법을 제시한다.

문은희, 《엄마가 아이를 아프게 한다》
아이를 위해 넘치게 해주고 희생하지만 아이와 느낌을 공유하지 못하고 아이에게 상처를 주는 엄마들에게 자녀가 느끼고, 생각하고, 원하는 것을 알아주고 거기에 맞게 대응해주는 방법을 제시한다. 아이를 불행하고 아프게 하는 엄마 행동의 뿌리를 알아보고, 기억할 수도 없는 어린 시절의 경험이 현재에 얼마나 큰 영향을 주는지를 이야기한다.

김광호·조미진, 《오래된 미래 전통육아의 비밀》
EBS '다큐프라임-오래된 미래, 전통육아의 비밀'의 방송 내용과 방송에서 못 다한 실질적인 사례와 실험을 담아낸 책이다. 전통육아에 대한 기존의 선입견을 깨고, 새로운 생명육아와 생태교육의 세계를 보여준다.

존 가트맨, 최성애·조벽 역, 《내 아이를 위한 감정코칭》
아이가 행복하고 성공적인 삶을 살게 하는 정서지능을 기르는 '감정코칭'

비법을 이론이 아닌 실제를 통해 살펴보고 있다. 특히 상담 현장에서 코칭한 구체적인 사례를 통해 감정코칭 노하우를 보여준다.

김태형·전양숙, 《부모- 나 관계의 비밀》
사람의 인생 곡선은 생의 초기인 유년기에 대부분 결정되는데, 유년기를 규정하는 것이 바로 부모, 환경, 유전자라는 변수이다. 그 중에서 사람의 인생에 가장 큰 영향을 미치는 것은 부모이다. '부모-나 관계'를 파악하는 것이 무엇보다 중요하다.

김수연, 《김수연의 아기발달 클리닉》
아기의 성장과 발달을 각 단계별로 부모가 점검하는 '집에서 할 수 있는 아이 발달 검사'가 수록되어 있다. 각 발달 검사 항목에는 그림을 넣어 초보 부모도 쉽게 이해할 수 있다.

전혜성, 《섬기는 부모가 자녀를 큰사람으로 키운다》
여섯 자녀 모두 하버드대와 예일대를 졸업시킨 저자의 자녀 교육 노하우를 들려준다. 50여 년간 봉사 활동을 한 '동암문화연구소'의 경험을 토대로 21세기의 진정한 리더가 갖춰야 할 '오센틱 리더십'의 7가지 요건도 담아냈다.

신의진, 《아이심리백과》
소아정신과 전문의의 육아 지침서. 이 책은 저자가 18년간의 진료 기록과

두 아이를 키운 엄마로서의 경험담, 검증된 발달학 이론을 바탕으로 육아 노하우를 알려준다. 연령별로 0-2세 편, 3-4세 편, 5-6세 편이 있다.

현정환, 《아이들의 자유》

비상식이 상식으로 통하는 아이에 대한 어른들의 모순된 통념과 정서, 어른의 관점에서 아이를 바라보고, 어른의 시선을 강요하는 현실을 심리학적 관점에서 조명하여 그 허구성을 파헤친다. 아이들을 진정으로 사랑하는 방법이 무엇인지에 대한 진지한 성찰을 전한다.

자료 출처
EBS 아기성장보고서 제작팀, 《아기성장보고서》, 예담, 2009.
EBS, 〈아이의 사생활〉, 2008.
EBS, 〈퍼펙트 베이비〉, 2013.
각 출판사 및 도서 관련 소개 글

Tip 3 아이의 심리성적 발달 단계는?

프로이트의 심리성적 발달 단계
- 각 발달 단계마다 아이가 추구하는 쾌락을 만족시켜야 다음 단계로 넘어감
- 쾌락의 추구가 빈번히 좌절되고 과다하게 만족되면, 다음 단계로 넘어가지 못하고 그 시기에 고착됨

구분		특징 및 설명
1단계 구강기 (Oral Stage, 0~1세)	장난감이나 책 등 뭐든지 입으로 가져가는 시기	• 입과 구강부위가 쾌락의 주된 원천으로 빨고, 마시고, 먹는 등의 구강활동을 통해 쾌락 추구 • 구강기의 경험 대부분은 언어로 표현되지 못하므로 무의식 속에 남아 있기 쉬움 • 이 단계에 고착되면 과식이나 과음, 과도한 흡연, 약물중독 등의 구강기 성격이 나타남
2단계 항문기 (Anal Stage, 1~3세)	배변을 보유하고 방출하는 것을 통해 쾌감을 느끼고자 하는 시기	• 성적 에너지가 항문 주위로 옮겨가 항문 활동을 통해 쾌락을 얻음 • 배설을 미루는 보유와 배설 행위를 통해 만족을 얻음 • 지나치게 엄격한 배변훈련을 받으면 고착이 일어남 • 청결이나 질서에 대한 강박적 욕구를 보임 • 구두쇠, 지저분함, 낭비벽 등 강박적이거나 공격적인 항문기 성격이 나타남
3단계 남근기 (Phallic Stage, 3~5세)	자신이나 다른 사람의 성기에 관심을 갖는 시기	• 성적 에너지가 성기로 옮겨감 • 오이디푸스 콤플렉스와 엘렉트라 콤플렉스: 동성의 부모와 경쟁하는 대신 그와 같은 사람이 되려 하고, 어른이 된 느낌을 간접적으로 즐김 • 양육자의 성역할에 대한 모방과 내면화 • 부모와의 동일시가 강력해짐 • 초자아가 발달되는 시기
4단계 잠복기 (Latency Stage, 6세~12세)	신체에 성적 에너지인 리비도가 집중되지 않고, 지적 호기심이 왕성해지는 시기	• 공격적 행동, 성적 본능, 리비도의 힘은 잠복 상태 • 중요한 사회적·도덕적 가치 습득, 동성 친구와의 강한 사회적 유대를 확립

5단계 생식기 (Genital Stage, 12세부터)	성행위를 통해 만족을 얻고자 하는 시기	• 성적 관심이 성숙함 • 생리적으로 성적 활동에 참여함

Tip 4 아이와 나의 심리사회적 발달 단계는?

에릭슨의 심리사회적 발달단계
- 타인과의 관계에 초점을 두어 인간의 성격은 개인과 사회적 환경과의 상호작용을 통해 발달된다고 봄

구분	특징 및 설명	
1단계 신뢰감 대 불신감 (0~1세)	이 시기 아이는 먹고, 자고, 쉬는 것 등이 일상생활이므로 이에 대한 적절한 만족이 되면 양육자와 세상을 믿고 신뢰감을 형성할 수 있으나 그렇지 못할 경우는 불신감이 형성됨	• 다가올 사건에 대한 믿음 vs 의혹 • 아이를 돌보아 주는 사람이 아이의 신체적, 심리적 욕구를 잘 충족시켜주면 신뢰를 갖지만 좌절될 경우 불신을 갖게 됨
2단계 자율성 대 수치심 (1~3세)	뭐든지 '내가 할 거야.' 하는 시기로 스스로 밥을 먹게 하거나, 신발을 신게 하는 등 아이가 할 수 있도록 해주면 자율성을 획득하지만, 부모가 해주면 '나는 할 수 없어'라고 생각하며 수치심을 갖게 되는 시기	• 자기통제감과 자아효능감 vs 수치심과 자기 의혹 • 새로운 것들을 탐색할 기회가 주어지고 독립심이 조장되면 건전한 자율감이 발달 • 아이에게 자신의 한계를 시험해 볼 기회가 주어지지 않고 아이가 지나친 사랑을 받고 과잉보호 받으면 자신의 능력에 회의를 느끼고 수치심을 느낌
3단계 주도성 대 죄책감 (3~5세)	아이가 어떤 일을 스스로 계획을 세워 주도적으로 하고자 함. 엄마놀이, 병원놀이 등 스스로 할 수 있도록 해주어야 주도성을 획득하나 그렇지 못하면 죄책감을 갖게 되는 시기	• 자신의 활동에서 주도성 vs 죄책감과 부족감 • 언어발달이 급격히 이루어짐

4단계 근면성 대 열등감 (5-12세)	초등학교에 다니는 시기로 글을 읽을 수 있거나, 친구들과 뛰어놀 수 있는 등 생활에 필요한 기능을 획득하면 근면성을 획득하나 그렇지 못하면 열등감을 갖게 되는 시기	• 사물에 대한 이해 및 조정 능력 vs 열등감 • 프로이트가 비활동적인 시기로 본 반면 에릭슨은 역동적이고 활동적인 시기로 봄 • 근면성 발달의 결정적 시기로, 사회에서 성공적으로 기능하고 경쟁하는 데 필요한 기술을 습득(근면성), 이러한 기술을 개발하지 못하면 열등감을 갖게 됨
5단계 정체감 대 역할혼란 (청소년기)	청소년이 자신이 누구인지, 자신의 강점이나 약점 등을 잘 알게 되면 정체감이 형성되나 그렇지 못하면 역할혼란을 겪는 시기	• 자아정체성의 확신 vs 자신이 누구인가에 대한 혼란
6단계 친밀감 대 고립감 (성인 초기)	다른 사람에게 자신을 아낌없이 줄 수 있으면 친밀감을 형성할 수 있으나 그렇지 못하면 고립감을 갖게 되는 시기	• 타인에 대한 봉사 및 사랑의 능력 vs 대인관계에서의 고립
7단계 생산성 대 자아탐닉 (중년기)	다음 세대를 위해 자녀를 양육하거나, 직업을 갖고 일을 하면 생산성을 획득하나 그렇지 못하면 자아탐닉에 머물게 되는 시기	• 가정과 사회에 대한 책임감 vs 자신의 쾌락과 번영에만 관심
8단계 자아통합 대 절망감 (노년기)	자신의 삶을 뒤돌아보고 '잘 살아왔다', '보람 있었다' 등의 생각을 하면 자아통합을 할 수 있지만, '왜 이렇게 살았나' 후회한다면 절망감을 갖게 되는 시기	• 자신의 삶에 대한 만족감 vs 지난 삶에 대한 실패감 및 절망감

Tip 5 아이의 인지발달 단계는?

피아제의 인지발달 단계
- 아이를 환경과의 상호작용을 통해 자신을 구성해 가는 작은 과학자로 봄

구분	특징 및 설명	
감각운동기 (0~2세)	'사과'를 말로 설명한다 해도 잘 이해하지 못하므로 사과를 직접 가지고 와서 눈으로 보게 하고, 코로 냄새를 맡게 하고, 입으로 맛을 느끼게 하고 손으로 만져보거나, 굴려보는 활동 등으로 사과에 대한 개념을 만들어 줄 수 있음	• 직접적인 오감을 통해 사물을 이해함 • 환경을 탐색하고 이해하고자 하는 수단으로 손을 빠는 등 행동적 도식에 의존함
전조작기 (2~7세)	아직 논리적 사고를 하지 못해 자기중심적인 사고를 하는 시기. 예를 들면 엄마 생일인데 자기가 좋아하는 팽이를 선물함. 즉 자기가 좋아하는 팽이를 엄마도 좋아한다고 생각함	• 사물에 대해 상징과 심상을 사용하는 표상능력이 급격히 증가하여 시장놀이 등을 함 • 역할놀이와 소꿉놀이가 가능, 언어발달의 폭발적 시기
구체적 조작기 (7~12세)	같은 크기의 비커 두 개에 같은 양의 물을 부은 후, 한쪽 비커 물을 아이가 보는 앞에서 폭이 좁은 비커에 옮기고 난 후 어떤 것이 더 많은지를 물으면, 이 단계에서는 똑같다고 대답함. 그러나 앞 단계인 전조작기에서는 더 높이 올라간 비커의 물이 많다고 대답함	• 논리적인 사고와 인지적 조작을 획득하는 단계 • 어떤 사물이 변했다가 본래대로 돌아가는 것을 아는 가역성과 그릇을 바꿔도 양은 변하지 않는다는 보존개념을 획득하며, 유목화, 분류화, 서열화 가능
형식적 조작기 (12세~청년기)	보이지 않는 가설이나 명제를 가지고도 사고할 수 있고 실재하는 것뿐만 아니라 가능성도 고려할 수 있음. 어떤 특성을 공유하는 대상들에 대한 개념이나 범주를 발달시킬 수 있음. 원인과 결과를 추론할 수 있는 시기임	• 추상적인 개념과 가설적인 사건들에 대해 체계적이고 과학적으로 사고하는 단계 • 새로운 상황에 직면했을 때 현재의 경험뿐만 아니라 과거와 미래의 경험 이용

Tip 6 아이와 나의 도덕성 발달 단계는?

피아제의 도덕성 발달 단계
- 도덕성 발달 단계를 전도덕기, 타율적 도덕성과 자율적 도덕성의 세 단계로 구분함

구분	특징 및 설명	
전도덕기 (4세 이전)	도덕에 대한 개념이 아직 형성되지 않은 시기	• 도덕에 관한 관심이나 이해가 없음 • 놀이를 재밌어서 함 • 옳고 그름의 판단에 일정한 기준이 없고, 옳고 그름의 차이를 모름
타율적 도덕성 단계 (4-7세)	엄마 설거지를 도와주다 접시를 열 개 깨트린 아이가, 몰래 사탕을 훔쳐 먹으려다 접시 한 개를 깨트린 아이보다 나쁘다고 생각하는 시기	• 어떤 행동의 옳고 그름을 행위자의 의도와는 상관하지 않음 • 행동의 결과만을 가지고 판단함
자율적 도덕성 단계 (7-10세)	몰래 사탕을 훔쳐 먹으려다 접시 한 개를 깨트린 아이가, 엄마 설거지를 도와주다 접시를 열 개 깨트린 아이보다 나쁘다고 생각하는 시기	• 옳고 그름에 대한 판단을 행위의 결과가 아닌 의도성에 의해 판단하게 됨 • 타율적 도덕성 단계에서 자율적 도덕성 단계로 발달하기 위해서는 인지적 성숙과 사회적 경험이 중요한 역할을 함

콜버그의 도덕성 발달 단계

- 가상의 도덕적 갈등상황에 대한 반응에 따라 단계를 구분함
- 도덕성 발달의 각 단계에서 서로 다른 인지능력이 필요하다고 봄
- 소수의 사람만이 6단계에 이를 수 있다고 봄

구분		특징 및 설명
전인습적 수준	인습·관습보다 더 낮은 수준의 도덕적 사고를 하는 단계(외부적 결과에 집중하여 판단)	1 타율적 도덕 단계 : 벌과 복종 • 혼나지 않기 위해 도덕적 행동을 하는 단계
		2 개인주의(Individualism) 단계 : 욕구 충족과 이익 추구 • 자신이 원하는 것을 얻기 위해 도덕적 행동을 하는 단계
인습적 수준	인습, 관습 수준의 도덕적 사고를 하는 단계(타인이나 사회에 의해 규정된 기준을 따라 판단)	3 대인 간 기대 단계 : 대인관계 조화, 타인의 동의 • 착하다고 칭찬받고 인정받고 싶어 도덕적 행동을 하는 단계 • 초등학생 대부분이 이 단계에 해당
		4 사회 시스템 도덕 단계 : 법과 질서 • 정해진 법은 지켜야 질서가 유지된다고 생각하는 단계 • 대다수의 국민이 이 단계의 도덕적 사고를 하면 그 사회는 안정됨
후인습적 수준	인습, 관습보다 더 성숙한 수준의 도덕적 사고를 하는 단계(내면화된 스스로의 기준을 통해 판단)	5 개인의 권리 및 사회 계약 단계 : 사회 계약 • 법이 많은 사람을 위한 것인지, 자연의 법칙에 맞고 합리적인지 판단하여 그렇지 않을 때는 어길 수도 있는 양심범적인 사고의 단계
		6 보편적 윤리적 원칙 단계 : 보편적 원리 • 법보다 생명이나 자유 등 인간이 지켜야 할 보편적인 것이 중요하다고 생각하여, 사형제도 폐지 등을 주장하는 사고를 하는 단계

자료 출처
정옥분, 《영유아발달 이해》, 학지사, 2007.
그 외 아동발달 관련 도서

마치는 글

아이도, 부모도 놓칠 수 없는 행복한 삶을 위하여

　엄마는 엄마대로, 아빠는 아빠대로 부모 역할을 하느라 힘들기 짝이 없다. 그런데 아이를 잘 기르기 위해서는 부모가 먼저 행복해야 한다. 아이가 심리적으로 가장 가깝게 여기고, 실제로 아이의 발달에 가장 많은 영향을 주는 부모가 행복해야 아이도 행복할 수 있고 건강하게 자랄 수 있기 때문이다. 아이들이 건강하게 잘 자라나야 우리 미래도 밝다.

　부모가 행복해지기 위해서는, 무엇보다 마음을 비우고 자신을 있는 그대로 담담하게 받아들였으면 한다. 특히 심리적으로 불편한 점은 어린 시절의 '나'인 어린 아이가 '내' 안에 자리 잡고 있기 때문임을 알아채야 한다. 심리학에서는 그것을 '내면 아이'라고 한다. 자주 '내면 아이'를 들여다보고, 어린 시절 받았던 상처, 내가 느꼈던 외로움, 내가 품었던 분노 등을 떠올리며 그런 환경에 놓였던 나를 위로하자.

　화가 날 때는 어린 시절의 억눌림을 받은 어린 아이인 내가 화가 난 것을 알아차리고 '지금은 그때와 다른 상황으로 그렇게 화낼 일이 아니지 않니?'라고 스스로를 달래고 사랑하자. 부모가 편안하고 안정돼야 아이를 받아들일 수 있다. 그렇지 않으면 나의 상처, 외로움, 분노가 아이에게 그대로 전해진다. 의도하지 않은 무서운 양육의 대물림이다.

영유아기를 놓치지 말아야 하는 이유

　　　　　　　취학 전, 영유아기는 인간발달에서 가장 중요한 발달인 애착이 형성되는 시기이다. 애착은 누군가와 정서적으로 친밀한 상태를 말한다. 또 이 시기는 세상을 살아가는 데 꼭 필요한, 자신을 긍정적으로 생각하는 자아존중감과 생명에 대한 존중과 다른 사람을 배려할 줄 아는 도덕성이 가장 잘 발달하는 시기이며, 스펀지가 물을 빨아들이듯이 흡수정신에 의해 환경을 흡수하는 시기이기도 하다.

　또한 인간발달의 토대이기도 하다. 여기서 토대란 어떤 지식을 가르쳐주거나 기능을 가르친다기보다 지식과 기능을 담기 위한 그릇을 만든다는 의미이다. 그릇을 얼마나 크고 깊게, 그리고 튼튼하게 만들 것인가가 중요하다. 지금 우리나라 아이들은 아직 그릇도 만들어지지 않았는데 지식으로 가득 채우려 하고 있다. 그러다보니 뇌에 과부하가 걸려 문제를 일으키고 있다.

교육은 영어로 에듀케이션(Education)이다. '밖으로'라는 의미를 가진 'E'와 '끌어내다'라는 의미의 'ducare'로 이루어져 있다. 즉 안에 있는 것을 밖으로 이끌어내는 것이 교육이다. 일반적으로 교육하면 밖에서 안으로 넣어주는 것이라 생각하는데 안에 있는 것을 밖으로 끌어내는 것이 교육인 것이다. 교육에 대한 관점의 전환이 필요하다.

아이의 잠재력을 꽃피우는 교육

즉, 아이가 가진 잠재능력과 가능성을 끌어내는 것이 교육인 것이다. 그러기 위해서는 아이가 가지고 있는 능력을 믿어야 한다. 그리고 아이가 자신의 능력을 발휘할 수 있도록 호기심을 불러일으키기 위한 환경을 만들어 주어야 한다.

호기심을 불러일으킬 수 있는 환경은 아이가 '저것으로 자동차를 만들어보고 싶다', '저 장난감 만져보고 싶다', '나무를 그려보고 싶다' 등의 욕구를 갖게 해주는 것을 의미한다. 그러므로 아이의 관심과 흥미, 발달단계를 고려한 환경을 구성해 주어야 한다.

"마음으로는 자유스럽게 키웠으면 좋겠는데 주변이 의식된다."

5세 아이들 둔 한 아빠의 고백이다. 맞다. 쉽지 않다. 하지만 부모는 자기만의 양육철학을 가져야 한다. 체면 때문에 주변을 의식하며 키워서는 안 된다. 취학 전 영유아기는 인간발달에서 매우 중요한 시기이므로 아이의 발달을 잘 이해하고 키워야 한다.

"양육이야말로 인간이 할 수 있는 중에서 가장 중요한 일이다."

미국 UC버클리대학 심리학과 앨리슨 고프닉 교수의 말이다. 부모의 관심과 사랑이 절대적으로 필요한 아이에게, 그 무엇보다 아이 양육에 우선순위를 두고 가치와 의미 부여를 해 주었으면 한다. 양육이 벅차고 힘들더라도 조금만 더 힘냈으면 한다. 아이는 기다려 주지 않기 때문이다. 아이가 사랑받고 인정받고 있다는 믿음을 가질 수 있도록 부모 입장에서의 사랑이 아니라, 아이가 느끼는 사랑을 주기 바란다. 아이를 사랑하는 이 땅의 모든 부모를 응원한다.

서쪽하늘을 아름답게 물들이는
노을을 바라보며

참고자료

강상중,《마음의 힘》, 사계절, 2015.

권건일·최순자 외,《글로벌 시대의 부모교육》, 양서원, 2011.

김영훈,《엄마가 모르는 아빠 효과》, 베가북스, 2009.

김정일,《어떻게 태어난 인생인데》, 푸른숲, 1995.

김주환,《회복탄력성》, 위즈덤하우스, 2011.

김중술,《사랑의 의미》, 서울대학교출판부, 2007.

김진경,《부모역할》, 한국방송통신대학교출판부, 2014.

김희정,《0~48개월 꼭 읽어줘야 할 그림책》, 시드페이퍼, 2014.

노재욱,《부모를 위한 인문학》, 행복에너지, 2013.

박성희,《동화로 열어가는 상담이야기》, 학지사, 2001.

서유헌,《내 아이의 미래가 달라지는 엄마표 뇌교육》, 아디트리, 2010.

손석한,《부모와 아이 마음 간격 1mm》, 파인앤굿, 2008.

송재환,《부모는 무엇을 가르쳐야 하는가》, 글담, 2014.

이사라·이주연 외,《영아발달》, 파워북, 2013.

이시형,《아이의 자기조절력》, 지식채널, 2013.

이영애, 《스토리텔링 육아》, 지식채널, 2014.

이원영, 《100년 후에도 변하지 않는 소중한 육아지혜》, 샘터사, 2006.

이지영, 《정서조절 코칭북》, 시그마프레스, 2011.

이호택·조명숙, 《여기가 당신의 피난처입니다》, 창비, 2010.

이훈구, 《성격은 이렇게 형성된다》, 법문사, 2010.

임종렬, 《모신》, 한국가족복지연구소, 1999.

윤재영, 《육아는 나의 힘》, 풀과 바람, 2013.

전혜성, 《섬기는 부모가 자녀를 큰 사람으로 키운다》, 랜덤하우스코리아, 2006.

정용·정재승·김대수, 《1.4킬로그램의 우주, 뇌》, 사이언스북스, 2014.

정혜신·이명수, 《홀가분》, 해냄, 2011.

조선미, 《영혼이 강한 아이로 키워라》, 쌤앤파커스, 2013.

최성애 외, 《감정코치 K》, 해냄, 2014.

최명선·차미선·김난희, 《엄마와 아이 애착 다지기》, 이담북스, 2012.

현정환, 《우리는 아이에 대해 오해를 보았다》, 양서원, 2013.

레모 H. 라르고 박미화 역, 《베이직 육아 바이블》, 이마고, 2014.

무토 다카시, 최순자 역, 《발달심리학 입장에서 본 조기교육론》, 서림문화사, 2000.

사사키 마사미, 김난주 역, 《부모가 된다는 것의 의미》, 비룡소, 2006.

존 가트맨, 최성애·조벽 역, 《내 아이를 위한 감정코칭》, 한국경제신문사, 2011.

제리 위코프·바바라 우넬, 서현정 역, 《소리치지 않고 때리지 않고 아이를 변화시키는 비결》, 명진출판, 2002.

캐슬린 크럴, 김수희 역, 《프로이트 정신의 그림을 그리다》, 초록개구리, 2014.

호리우치 세토코, 강란혜·이선옥·최순자 역, 《0세에서 7세까지의 슈타이너 교육》, 창지사, 2004.

더글라스 데이비스, 이정숙 외 역, 《임상을 위한 아동발달》, 하나의학사, 2010.

EBS 다큐프라임 제작팀, 김현수, 《우리아이 성격의 비밀》, 블루앤트리, 2011.

제레미 홈즈, 이경숙 역, 《존 볼비와 애착이론》, 학지사, 2005.

中野由美子・土谷みち子,《21世期の親子支援》, ブレーン出版, 1999.

西川昌宏,《こどもは自分出育つもの》, 西多摩新聞社, 2006.

無藤隆,《早期教育を考える》, NHKブックス, 1998.

桜井茂男・岩立京子,《たのしく学べる乳幼児の心理》, 福村出版, 1997.

山田千明,《多文化に生きる子どもたち》, 明石書店, 2006.